Zé Pelintra

Sêo Dotô, Sêo Dotô! Bravo Sinhô!

Mizael Vaz

Zé Pelintra

Sêo Dotô, Sêo Dotô! Bravo Sinhô!

MADRAS

© 2022, Madras Editora Ltda.

Editor:
Wagner Veneziani Costa (*in memoriam*)

Produção e Capa:
Equipe Técnica Madras

Ilustrações Internas:
Rodrigo Lippi

Ilustração da Capa:
Franklyn Oliveira

Revisão:
Arlete Genari
Wilson Ryoji Imoto
Aline Naomi Sassaki

Dados Internacionais de Catalogação na Publicação (CIP)
(Câmara Brasileira do Livro, SP, Brasil)

Vaz, Mizael
Zé Pelintra: sêo dotô, sêo dotô! bravo sinhô! / Mizael Vaz. – São Paulo: Madras, 2022.
ISBN 978-85-370-0466-1
1. Zé Pelintra 2. Mistério 3. Umbanda (Culto) - História I. Título.
09-02638 CDD-299.67

Índices para catálogo sistemático:
1. Zé Pelintra: Teologia de Umbanda: Religiões de origem africana 299.67

Proibida a reprodução total ou parcial desta obra, de qualquer forma ou por qualquer meio eletrônico, mecânico, inclusive por meio de processos xerográficos, incluindo ainda o uso da internet, sem a permissão expressa da Madras Editora, na pessoa de seu editor (Lei nº 9.610, de 19.2.98).

Todos os direitos desta edição reservados pela

Rua Paulo Gonçalves, 88 — Santana
CEP: 02403-020 — São Paulo/SP
Tel.: (11) 2281-5555 – (11) 98128-7754

Agradecimentos

Agradeço ao meu irmão Rubens Vaz; aos meus filhos, Mayara Isis, Victor Lunardi e Luanne Hercília por fazerem parte da minha vida; e, principalmente, aos amigos Adriana Aguiar pelas pesquisas, ao Wagner Cardoso pela sugestão para a criação da capa, pois sem a ajuda deles, este livro não seria possível.

Vocês são...

D +

Dedicatória

Dedico este livro ao meu mestre, meu grande amigo e um dos meus mentores, José Porfírio Santiago, "Sêo Zé", por nos contar a sua história, deixando claro que ele é apenas um mensageiro. Também à minha esposa Jôsi Ribeiro, pela sua importância na criação desta obra.

Obrigado, "Sêo Zé".

Jôsi, *I love my life because my life is you.*

Eu amo minha vida porque minha vida é você.

Índice

Aconteceu 8
Prefácio do Autor 9
E para quem Interessar, Possa Saber que... 11

1ª Parte
Capítulo 1
   Como Nasceu e Viveu Sêo Zé 15
Capítulo 2
   Infância e Puberdade 29
Capítulo 3
   Dando a Volta por Cima 43
Capítulo 4
   A Vida pelo Mundo 53
Capítulo 5
   Minha Vida em Recife 71
Capítulo 6
   As Surpresas 83

2ª Parte
Capítulo Único
   No Mundo Espiritual 109

3ª Parte
   Remédios, Simpatias e Trabalhos de Sêo Zé 125
      Ervas e simpatias que curam 125
      Simpatias 132
   Pontos Cantados e Riscados de Zé Pelintra 141

Aconteceu...

Sêo Zé começou a incorporar em mim em 1982, e eu já estava com a minha casa espiritual aberta desde 1979. Em meados de 1980, fui avisado de que eu estaria para receber a visita de um mestre do catimbó, mas não me foi dito quem seria.

Em 1982, Sêo Jeremias (baiano) disse à minha mãe Hercília que, em março, eu receberia um grande presente.

No dia 9 de março de 1982, em uma terça-feira, após terminar o meu jantar, incorporei o mestre Zé Pelintra. Ele pediu licença e começou a prosear com a minha família.

Desde então, passei a incorporá-lo e, nas horas mais difíceis, abaixo de Deus, ele sempre esteve comigo, ajudando e aconselhando aos que precisam dele.

Várias vezes me diziam que ele contava trechos da vida na Terra até se tornar um guia, um mestre, meu mestre. Peguei pedacinhos de seus relatos e escrevi a sua história com a ajuda da minha esposa.

Obrigado, "Sêo Zé".
Obrigado, minha mãe Hercília.
Obrigado, Jôsi Ribeiro.
Obrigado, Rubens Vaz.

Prefácio do Autor

Esta é a história contada pelo guia que eu incorporo, de nome Zé Pelintra. Humildemente ganhei este presente de Deus, não sei por quê. Respeito outras entidades que vêm usando esse nome, e quem sou eu para dizer que incorporo o verdadeiro Zé? Muitos outros "Zés" você vai encontrar por aí, com jeitos, manias e histórias diferentes, e não quer dizer que ele é pior, ou melhor, que José Porfírio Santiago, meu mestre, pois cada um tem a sua missão, e devemos respeitá-los por isso. E, há quanto tempo você conhece ou já ouviu falar da existência de Sêo Zé Pelintra? Os que apareciam antes do José Porfírio Santiago não eram falsos, e já trabalhavam em nome do Sêo Zé.

Talvez eu nem havia nascido quando ele apareceu em algum terreiro por aí pela primeira vez.

A esse guia eu só tenho que agradecer, por tantas coisas, tantos relatos e curas, inclusive nos livros que escrevi depois deste, em que os espíritos me são apresentados pelo Sêo Zé.

Obrigado e boa leitura.

Atenciosamente,

Padrinho Mizael D'Ogum

E para quem Interessar, Possa Saber que...

    Vila de Garanhuns surgiu logo após as guerrilhas dos escravos quilombolas. Em 1700, tropas que combatiam os escravos fugitivos se instalaram na Capitania do Ararobá e na Freguesia de Santo Antônio do Ararobá. A sede da capitania era a fazenda do Garcia, posteriormente, o sítio Tapera, adquirido pelo tenente-coronel Manoel Ferreira de Azevedo, marido de Simoa Gomes de Azevedo, neta de Domingos Jorge Velho.
    Garanhuns está localizada entre uma região montanhosa, o planalto da Borborema, também chamado de Suíça Nordestina, pelo fato de ter um clima ameno no verão e no inverno a temperatura ser baixa; é também conhecida pelas alcunhas de Cidade da Garoa e Cidade das Flores.
    Em 4 de fevereiro de 1879, foi sancionada a Lei 1.309, elevando-a de vila a cidade graças ao destaque na agropecuária e no comércio. Em 28 de setembro de 1887, foi instalada a estação ferroviária, ligando a cidade a Recife, passando por diversas cidades e vilas do agreste e da zona da mata.
    Garanhuns e diversos municípios vizinhos eram ocupados por quilombos; inclusive, ligados à sua história, estão o Quilombo dos Palmares, a Saga de Zumbi e a perspectiva do vitorioso Domingos Jorge Velho.

Com a chegada de grileiros de terras, surgem no local o coronel Silva, respeitado por ter lutado na última fase da Guerra do Paraguai, no ataque, em 1º de março de 1870, Francisco Solano Lopes, o ditador paraguaio em seu último reduto, Cerro Corá. O obstinado abolicionista passa a ocupar uma imensa fazenda próxima à vila de Garanhuns, onde surge a história de José Porfírio Santiago, que, mais tarde, com o seu desencarne e passando por várias etapas da sua vida espiritual, ganha ascensão e, hoje, no plano espiritual, é um "mestre", estando entre os sete mensageiros do Sêo Zé Pelintra. Em consideração a tantos admiradores, fãs, filhos e afilhados, Sêo Zé nos conta detalhes da sua história.

1ª Parte

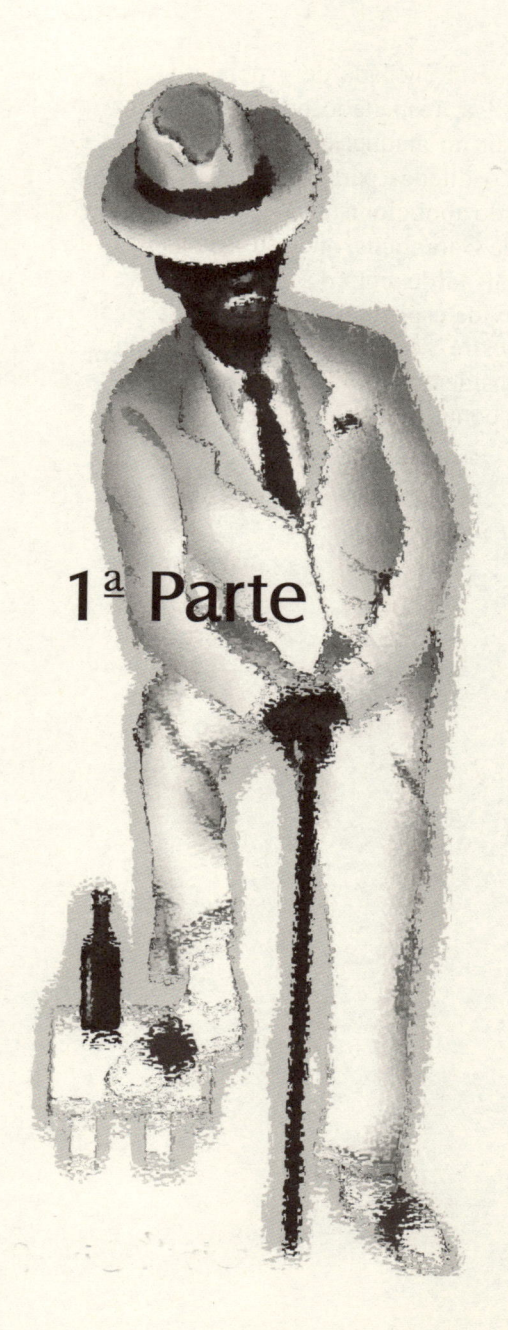

Capítulo 1

Como Nasceu e Viveu Sêo Zé – José Porfírio Santiago (JPS)

Ainda sob a regência de D. Pedro II, período que durou quase meio século (1840 a 1889), nasceu em 15 de fevereiro de 1886, às 12 horas de um dia de domingo, José Porfírio Santiago, que futuramente seria um dos sete mensageiros do idolatrado Zé Pelintra.

&

Era uma tarde de sábado do dia 14 de fevereiro de 1886, e o meu pai fora se banhar no rio. Um barrado de cor alaranjado, a sudoeste da fazenda, mostrava que o sol já se escondia atrás de uma alta e linda montanha.

Águas cristalinas corriam mansamente no leito do rio forrado de areia grossa e muitos pedregulhos. Enxergavam-se os pés, de tão claras que eram as águas daquele pequeno rio a sudoeste de Garanhuns – terra de quilombos no Estado de Pernambuco.

Em poucos minutos, pôde-se notar o véu da noite a cobrir a pastagem onde alguns animais se alimentavam livremente.

Meu pai encheu um pote de água e carregou para casa, pois mamãe estava para dar à luz mais uma criança e, naquele estado, proibiram-na de pegar peso. Isso fazia meu pai se sentir na obrigação de carregar água por várias vezes até encher os potes encarrilhados sobre o jirau que ficava em um canto da cozinha, próximo do fogão à lenha, pintado com tabatinga branca.

Mamãe era uma pessoa atenciosa, dócil, amiga, conselheira, e esses predicados vinham acompanhados de leves toques de sua beleza feminina. Mamãe era esbelta, tinha cabelo crespo, olhos grandes, castanhos cor de mel, lábios carnudos, sobrancelhas cheias e bonitas e media mais ou menos 1,69 metro de altura.

Ela preparou carinhosamente um jantar, e o meu pai ficou orgulhoso ao sentir aquele aroma gostoso; fez elogios a ela, que se derretendo toda respondeu com um sorriso faceiro e o alertou de uma surpresa que teria no jantar. Era uma espécie de guisado de ervas, feito com lombo de porco, que os escravos chamavam de jembê.

Meu pai abraçou-a por trás e alisou sua barriga enorme de nove meses e mais três dias. No chão, dentro de uma samba forrada com panos, para evitar ser cortada ou furada com ferpas de taquara, a minha irmãzinha de apenas um aninho de idade sorriu para os dois erguendo os bracinhos com uma pontinha de ciúmes, esperando que o meu pai a pegasse nos braços, o que ele fez, para alegria de Maria Aparecida, que a família carinhosamente chamava de Mariazinha.

O Sr. José Santiago, meu pai, era um homem agressivo, porém risonho, robusto, forte, 1,80 metro de altura; ele gostava de uma boa aguardente e também uma jinjibirra no capricho.

Nossa casa era uma tapera feita de sopapo,[1] coberta de sapé, com cinco cômodos, e era um lar feliz.

Apesar de os meus pais serem escravos, tínhamos um quintal cercado com varas, de mais ou menos 1.200 metros quadrados, onde nos foi dado o direito de criar galinhas, perus e porcos. Claro que o terreno não era nosso, mas meus pais tiveram a bênção de ser escravos do Sr. Silva, um abolicionista que, sendo dono da posse do meu pai, ao descobrir que ele era apaixonado por uma escrava da fazenda vizinha, fez questão de comprá-la, para que assim o José Santiago não se transformasse em um negro infeliz. O Sr. Silva comprou a negra usando de artimanha escravista para não levantar suspeitas sobre

---

1. Casa de sopapo: de varas amarradas umas às outras, formando as paredes, e coberta de barro tabatinga por dentro e por fora.

o porquê do seu interesse na compra da escrava, pois o cel. Silva era um negrófilo, partidário da abolição da escravatura de carteirinha, e não dava créditos a essa nojeira que era a escravidão. Ele fazia os seus negros se sentirem importantes, gente, e não animais, uns sem almas, insignificantes, como os demais escravocratas achavam.

Os negros trabalhavam à meia com o Sr. Silva, e os 50% que ficavam para eles, trocavam pelo que lhes interessasse; também podiam vender parte das suas lavouras para, assim, comprar remédios, roupas e outros mantimentos; sem contar que ainda tinham direito a um pedacinho de terra para as suas criações.

Assim, os escravos trabalhavam com esmero e todos consideravam o Sr. Silva, que fazia crescerem os olhos dos vizinhos extremantes, quando viam o aumento na produção de suas lavouras, enquanto as suas roças não produziam quase nada.

Negros fugiam de muitas fazendas rumo aos quilombos, no tempo em que os escravos do cel. Silva não viam motivos para tal façanha, fazendo a terra se multiplicar mais e mais.

Cada família podia desfrutar de um pequeno pedaço de terra que o cel. Silva lhe emprestava, para que construísse casas e dentro delas fizesse o que bem entendesse. Os escravos eram tratados com carinho e respeito, jamais como animais, ou melhor, como peças; assim eram chamados os escravos.

Mesmo os mais idosos tinham lá suas regalias, pois os mais novos deviam ceder um pouco do sustento para eles, não deixando que os anciões passassem necessidades. Mas todos os negros idosos tinham o prazer de trabalhar. Dava gosto fazer render os mantimentos naquela fazenda.

O Sr. Silva e a sua família obedeciam à Lei dos Sexagenários, de 1885, dando liberdade aos idosos negros com idade superior a 65 anos. Aliás, ele era uma pessoa de grande coração e alma, pois sabia reconhecer os direitos dos negros.

As leis que libertaram os escravos no Brasil foram: Lei Eusébio de Queiroz, promulgada em 1850, que oficialmente colocava fim ao tráfico de escravos da África para nossa terra. Lei do Ventre Livre, de 1871, pela qual todos os negros nascidos em terras brasileiras seriam livres. Mas nem todos os brancos faziam cumprir essa lei.

Com leis desse tipo, que não resolviam o problema da escravidão, os proprietários de escravos conseguiram ganhar tempo e adiar, ao máximo, a abolição final. Somente em 13 de maio de 1888, com a Lei Áurea promulgada pela princesa Isabel, filha de D. Pedro II, a escravidão foi extinta no Brasil. Bem, eu me envergonho em dizer que o Brasil foi o último país a obedecer esta lei, e que, de certa forma, não o faz ainda nos dias de hoje.

A luta política pelo fim da escravidão ficou conhecida como Campanha Abolicionista, pois era uma exigência do capitalismo industrial e do desenvolvimento econômico do país.

Depois da Lei Áurea, a situação social do negro continuou extremamente difícil. Não tinha estudo para conseguir um bom emprego, nem dinheiro para trabalhar por conta própria, sem ajuda do governo. Muitos ex-escravos ficaram nas mesmas fazendas em que trabalhavam, nas quais continuaram sendo explorados de maneira desumana e cruel.

O Sr. Silva foi tenente-coronel do Exército brasileiro e tinha lá as suas regalias junto à Coroa, motivo que o levava a ser um homem respeitado e justiceiro. Lutou ao lado de Duque de Caxias, mais tarde substituído pelo conde D'Eu, genro do imperador (casado com D. Isabel), na última fase da Guerra do Paraguai, na conhecida campanha da Cordilheira, em 1870, e, por fim, junto do general José Antônio Correia da Câmara (que veio a ser o visconde de Pelotas) no ataque em 1º de março do mesmo ano a Francisco Solano Lopes, o ditador paraguaio, em seu último reduto, Cerro Corá. Deu baixa do Exército em 1872 e, em 1873, com o crescimento da agropecuária e do comércio, mudou-se para Garanhuns, em Pernambuco. A sua palavra era lei, todos o temiam.

⁂

Após o jantar acompanhado de uma dose de aguardente e alguns frutos de pimenta-passarinho, pois o meu pai adorava pimenta na comida, meus pais entraram para o quarto e começaram a conversar, enquanto o meu pai brincava com a Mariazinha, entretendo-a; ela estava sentada dentro de um balaio suspenso na cumeeira da casa, por quatro cordas a balançar, improvisando-se desse modo um berço. Era assim que os pequeninos dormiam.

  Esperaram Mariazinha pegar no sono para que pudessem ir prosear na casa de Sá Dona e do seu esposo, nhô Tiburtino, assim como faziam outros escravos. Por lá ficavam horas e horas proseando em volta de uma fogueira, dando gostosas gargalhadas, comendo mandioca e batata assadas nas brasas. Quando matavam um porco, aglomeravam-se à beira da fogueira para comer carne ou tripa na brasa, acompanhadas de uma boa aguardente, cantoria e viola, ou batuque quando dançavam o jeguedê; outras vezes falavam com os guias em dias de trabalhos... E assim eram todas as noites, quando o tempo estava bom e, principalmente, com uma lua no céu a brilhar.

  Naquela noite, a minha mãe não demorou a ir para casa, pois se sentia incomodada porque eu me mexia muito procurando a posição para nascer.

⁂

  Era domingo, e papai, após se certificar de que minha mãe estava bem, fora ajudar o seu irmão na construção de sua casa, pois se casaria dentro de três semanas.

  Eram quase 11 horas, e o sol estava causticante; seus raios pareciam não só penetrar na pele, mas também na alma; pareciam doer em cada poro de seus corpos expostos ao tempo.

  Meu pai vestia calça branca feita com saco de farinha, embranquecido com soda cáustica, e amarrada com um cinto feito de embira da palha de banana; estava sem camisa e todo suado. O suor banhava sua pele negra que reluzia ao longe.

  Distraído em seus afazeres, assustou-se ao ouvir seu nome por várias vezes, pronunciado aos berros.

  – Tio Santiago! Tio Santiago!

  Era um garoto negro, filho de escravos, que vinha correndo, cansado, e que, ao se aproximar do meu pai depois de muito esforço, consegue balbuciar algumas palavras.

  – Ti! Tio Sant... Santiago!

— Diga, Nicolauzinho! — fala meu pai, engasgado. — Respire fundo, nhonhô!

Meu pai, assustado e pálido, olha para o garoto, jogando as varas no chão, ao mesmo tempo que seu irmão faz o mesmo. Papai pega uma cabaça de água e oferece ao garoto, que bebe.

— Nicolauzinho, pelo visto o que o trouxe aqui é grave; você correu tanto que os seus pés estão sangrando! — observa meu pai. — Levou um tropeção?

— Não sinhô, meu tio! — fala Nicolauzinho sorrindo. — O que eu tenho é bicho-de-pé, e às vezes sai sangue nas feridas.

— Passou fumo em suas feridas? — pergunta meu pai fazendo um cafuné em Nicolauzinho. — É um bom remédio!

— Passo todas as noites, quando vô me deitar.

— Mas o que o trouxe aqui com tanta pressa? — pergunta o irmão do meu pai, preocupado.

— Vim buscar vós mecê — responde Nicolauzinho olhando para meu pai.

— Buscar-me, pra quê? Está acontecendo alguma coisa com a Ana?

— Sim, tio! Foi mãe Tiana que me mandou buscar mecê, pois tia Carolina não está passando bem, e vamos depressa!

— Quer que eu vá com você, mano? — oferece-se o irmão.

— Não, Manoel! Se precisar, eu mando avisar você! Vai adiantando o seu serviço aí.

Meu pai e Nicolauzinho se apressam e logo chegam em casa. Meu pai entra enquanto o garoto segue o caminho para casa, pois ele sabe muito bem do que se trata o recado ao tio. Naquela época, havia muito respeito pelos mais velhos. Uma pessoa com mais de 16 anos era chamada pelos mais novos de tio, e tínhamos de pedir a bênção, pois ela merecia todo o respeito das crianças. Todo mundo era tio, e os mais idosos eram considerados avós, mesmo que não tivessem netos. O respeito era mútuo. Se alguém pegasse um filho para castigar e outra pessoa pedisse para que não o fizesse, aquela criança passaria a considerar o seu salvador como a um padrinho. Bem sei que, bastante travesso como fui, tive muitos padrinhos e madrinhas (o leitor deve imaginar o porquê).

Meu pai, ao entrar em casa, nota que está tudo no mais absoluto silêncio. Fica por um instante parado na sala, depois adentra a cozinha. Preocupa-se com a minha irmã, mas lembra que pode ser pela situação; talvez ela esteja na casa de alguém.

De repente, meu pai corre para o quarto e, preocupado com aquele silêncio, nem ouviu a porta ranger. Era a mãe Tiana que vinha saindo com uma gamela de água morna nas mãos. Os dois se esbarram; a mãe Tiana, claro, leva a pior, pois o meu pai tinha 1,80 metro de altura e a mãe Tiana, mais ou menos 1,50 metro. Ela era engraçadinha, gordinha da cintura para cima, as perninhas finas e tortas, parecia mais com um bodoque.

A trombada foi tão forte que mãe Tiana caiu sentada, de pernas abertas e a gamela d'água entornando sobre ela. Mãe Tiana não conseguia levantar de tanto rir, o meu pai ajudou-a meio que sem graça e pedindo perdão, mas ela não perdeu a pose e ficou gargalhando.

Mãe Tiana era uma parteira de mais de 65 anos, brincalhona, sorridente e feliz. Sua alegria era tamanha que fazia qualquer um se animar e perceber como era bom viver.

Apesar de toda felicidade que sentia, mãe Tiana era uma pessoa solitária, pois se casou muito cedo e ficou viúva logo em seguida, sem filhos para confortá-la; ela não voltou a se casar por amar muito o seu marido e dizia que era feliz assim, por saber que, onde quer que ele estivesse, esperava por ela.

Entre uma risada e outra, mãe Tiana olha para o meu pai e tenta acalmá-lo.

— Mar mô fio, que correria, te acarme viste!

— A Carolina está bem, mãe Tiana?

— Ela tá bem! Num ti aveche não, viste meu bichim! É que chegou a hora dela butá esse cabuquim docêis pra fora! Num ti aveche não, tá?

— Desculpe, mãe Tiana! Vá colocar outro vestido, vá!

— Não, mô fio! Tá calor e o vento logo seca. Num quero deixar Carolina sozinha, não!

— Estou preocupado com ela, Carolina vem sentindo essas dores desde ontem! – fala preocupado o Sêo Santiago.

– Mas, pru que vós mecê não foi me chamar!
– É que ela não me disse que as dores tinham aumentado!
– Vá. Vá ver a Carolina, que eu vou chamá outras parteiras pra me ajudar a prepará uma beberagem pra ela!
– Mas, pra que essa beberagem, mãe Tiana?
– Num se apercupe – mãe Tiana tenta acalmar meu pai –, é só pra ajudar a criança de ocêis nascer mar dipressa!

Mãe Tiana sai andando, quase correndo, para procurar ajuda, enquanto o meu pai fica parado em frente à porta do seu quarto admirando sua diva.

– Meu Deus! Como você é linda!

A minha mãe, Ana Carolina, dá um sorriso para o meu pai e faz um gesto com a mão, convidando-o a entrar.

– Eu te amo tanto, que até dói no meu peito! – disse meu pai, que sempre fazia declarações para sua doce Carolina.

Meu pai abre um sorriso largo, entra ajoelhando ao lado da cabeceira de minha mãe e acaricia o seu rosto. Em seguida acaricia seu cabelo e seus lábios carnudos, e ela lentamente vai fechando os olhos para se embalar nos carinhos de seu amado. Meu pai parece procurar o remédio para as dores de minha mãe, ao mesmo tempo que ele vai declarando palavras que vêm do coração.

– Admiro muito a sua coragem, meu amor! Você tem a pele tão macia... A maciez de uma pétala de rosa... Você é, para mim, o sol que brilha no infinito com seus raios irradiando a alegria de ser, pela segunda vez, a mãe de mais um filho meu.

Lágrimas rolam no rosto de mamãe, no instante em que um sorriso brota por entre um suspiro de felicidade. Aquelas palavras caem como um néctar dos deuses, para amenizar as dores de um parto dificultoso que o meu pai nem de longe imagina ser. Papai beija-lhe a testa e fica observando-a como que para não se esquecer cada detalhe do seu rosto a olhá-lo.

Aquele momento de romantismo e dor, em que o silêncio predominava, é quebrado por mãe Tiana no momento em que ela entra no quarto acompanhada de mais duas parteiras, a tia Rosário e a vó Benícia, que entram alvoroçadas.

— Mô fio! — fala vó Benícia, afastando meu pai — Agora mecê tem que sair, visse!
— Está bem, vó Benícia!
Meu pai, ao se levantar, dá um leve beijo nos lábios da sua eterna diva e, lentamente, solta-lhe as mãos.
— Minha fia... Tome, beba este remédio... É amargo e ardido, mas mecê vai miorá! — alerta mãe Tiana — A véia escrava vó Benícia veio benzer ocê! Cê vai miorá logo!
Tia Rosário coloca as mãos sobre a barriga da minha mãe e sai meio sem graça, deixando-a bastante preocupada.
— Não se assuste não — salienta a tia Rosário —, ocê vai ficar boa depressinha!
A minha mãe deu um sorriso para ambas, ela sofria muito com as dores, mas não soltava um gemido sequer. Esta era a Ana Carolina Porfírio: forte, decidida, alegre, tinha postura de rainha; apesar de ser uma negra escrava, e não ter sequer sangue real, aquela era "a mulher", fina, culta e com uma série de outros predicados engrandecedores. Era a minha mãe.
Toda essa altivez ela herdara de seu pai, que era um fazendeiro bem-sucedido, morador da propriedade ao lado, que escolhia as mais belas e jovens escravas para realização dos seus desejos e fantasias sexuais, e numa destas suas prevaricações, surgiu Ana Carolina. Mesmo sendo casado, assumiu a minha mãe como legítima filha; deu nome e educação.
Outras duas garotas e um garoto surgiram dessas festanças daquele fazendeiro que não se via satisfeito com a marmita que tinha em casa, queria comer outras marmitas.
Minha mãe, mesmo sendo filha reconhecida por um dos coronéis mais bem-sucedidos da região, não pôde estudar na escolinha da pequena cidade de Garanhuns, pelo simples fato de ser uma negra e não poder se misturar com os brancos. Eram desses brancos que tinham medo de se manchar de preto, que não têm confiança na cor da pele que reveste os seus corpos.

O Sr. Silva dizia a todos que, do que adianta a cor da pele, se a matéria apodrece igualmente, debaixo da mesma terra que um dia vai comê-la.

Mas o fazendeiro não se deu por vencido, pagou professores para ensinar os seus filhos negros em casa. A minha mãe teve bons professores, boa educação e cultura.

⁕

Vó Benícia avisa as outras duas parteiras que vai se ausentar e colher algumas ervas para benzer a minha mãe. Meu pai entra com um banho bem morno com folhas de manga amassadas, que deveria ser usado pelas parteiras da cintura para baixo da minha mãe, pois assim diminuiriam as dores.

No instante em que o meu pai saíra do quarto, entra a vó Benícia com alguns ramos e um pano. Começa a benzer a minha mãe e coloca o pano aberto sobre sua barriga. Logo depois, minha mãe levanta-se da cama, indo sentar-se na bacia com o banho de folhas de manga. Em seguida, após o banho e rezas, volta para o leito onde a vó Benícia amarra o pano em volta da sua barriga.

Papai estava desesperado, e a tia Rosário, vendo a sua impaciência, sai do quarto e vai abrandar a sua agonia.

– Mô fio! Fica assim não!

– Tá bom, tia Rosário! Eu tô me apegando com os nossos deuses! – diz meu pai aflito – Eu sei que eles vão ajudar a minha Carolina!

– Tá bão, meu fio! Reza, qui rezar faz bem! – aconselha tia Rosário.

Tia Rosário entra no quarto, deixando o meu pai ainda inquieto na sala. Andava de um lado para o outro, impaciente. Não sabia como pôr sequer a mão sobre alguém que estivesse prestes a parir, mas, em certos momentos, tinha-se a impressão de que, se pudesse, entraria naquele quarto, tomaria a frente das parteiras e faria todo o serviço das delas.

Vó Benícia acabara de benzer minha mãe, no instante em que as dores davam sinais de que algo voltava ao seu normal; em dado momento, deu-se o rompimento da bolsa, quando faltavam cinco minutos para o meio-dia.

De repente, minha mãe dá um gemido alto e, na cama feita de jirau, ela segura firme em duas forquilhas do lado da cabeceira da cama, fazendo força para que eu nascesse. Tia Rosário, aproximando-se da cama preocupada com o gemido e com a força que minha mãe punha, assusta-se e grita:

— Code, cumadi! — Tia Rosário chamava as duas parteiras de comadre — Corre aqui que o minino tá nascendo!

Aquelas parteiras, de uma vasta experiência, ficaram felizes ao me ver nascendo. O parto era muito perigoso naqueles tempos, pois em certos casos as mães morriam antes de o neném nascer; algumas vezes, as mães não tinham passagem ou, por algum outro problema, os bebês morriam junto das mães. E quando um parto era bem-sucedido, a alegria era geral.

— Vala-mi, Nossa Senhora da Piricida! É um minino ôme e nasceu no pino do meio-dia. — Dizia Mãe Tiana, feliz, mas preocupada com a hora do meu nascimento.

— Ajuda aqui, cumadi! — fala nervosa a Tia Rosário — Cuma sinhora merma disse, o minino além de travessado na barriga de sinhá Ana, inda nasceu inforcado no cordão umbilicár!

Mãe Tiana cortou o cordão umbilical e começaram a me limpar com água morna.

Amarraram um pano em forma de cinta em volta do meu corpo, protegendo o meu umbigo com um chumaço de algodão embebido em azeite de mamona.

— Gente! Meu neném, como está? — pergunta a mamãe.

— Arre égua! — retruca mãe Tiana — Ele tá aqui que é um dengo só! Esse é macho mermo, nem chorô!

— É que não ouvi nem um barulhinho, um chorinho sequer!

Vó Benícia olha a palma da minha mão esquerda e a sola do meu pé direito e começa a falar.

— Num chorô pruquê esse num veio no mundo pra chorá. Esse nhonhô vai andá muitio pelo mundo... Muita coisa má vai acontecer, mas ele será uma pessoa de bem, muitio malandro... Vai gostá muitio de um cartiado, de aposta... Vai ser muierengo... Vai vivê arrudiado de muié da zona... Vai tê amizade cum gente importante. E, ói só, ele vai ganhá o mundo é cedo, visse Ana. Alembre do qui eu tô te falano!

Daquele lar feliz e cheio de harmonia, quem iria querer sair de casa cedo? "Gato do mato é que ia fazer isso" (metáfora).

— E por ele não ter chorado após o parto é qui ele vai ser bãozinho! — retruca Tia Rosário.

— Sim, dona Rosário! — sorri a mamãe e fala — A senhora quer dizer ao contrário.

— Tome, dê mamá pra teu minino! — ordena a mãe Tiana.

Mamãe se ajeita na cama para pegar o filho (eu) pela primeira vez, e fica emocionada com aquele presente de Deus. Com os olhos cheios de lágrimas, começa a cheirar-me e beijar-me emocionada, enquanto meu pai entra no quarto a convite de mãe Tiana.

— Meu bebê nasce — fala meu pai apavorado —, e eu não ouvi nenhum choro até agora! O que está acontecendo, vó Benícia?

Papai, ao ver sua Ana Carolina segurando-me nos braços, para estático enquanto ela, erguendo-me nos braços, entrega-me para ele, que sorri e chora de alegria.

— Docinho! Meu pedacinho de gente! — em tom paternal, engasgando a fala, meu pai balbucia trêmulo de emoção — Muito obrigado, é um lindo bacurizinho, e é um bacuri macho... Macho arretado... Nem chorou! E você, minha rosa... Está bem? — Meu pai beija os lábios de mamãe.

※

Meu pai não se controlava de tanta emoção. Ele estava radiante; falava a todos que ele tinha um filho agora. Esse era macho. Orgulho de pai. Saíra de porta em porta dando a notícia a todos.

O Sr. Silva e a família foram me ver no dia seguinte. Sua esposa levara alguns casaquinhos e pijaminhas de flanela para que minha mãe me aquecesse. Levara também dois frangos, dos mais vistosos que ela tinha no terreiro, para que minha mãe completasse o pirão.

Naquela época os resguardos das mulheres paridas eram uma coisa sagrada. Por isso, as pessoas tinham mais saúde.

O Sr. Silva fora convidado para ser o meu padrinho, com a sinhazinha Esmeralda, sua filha mais velha e professorinha da região, a quem, aliás, sou muito grato por ter me ensinado o B com A = BA. No meu tempo, o 4º ano primário era como a 8ª série de hoje. Naquela época, "aprendia ou aprendia", e eu fiz o 2º ano primário, mas não fico devendo em literatura para muitos universitários que existem por aí.

Aos domingos, o nhô Tião nos ensinava a jogar capoeira. Foi uma época muito boa e de grande aproveitamento. O nhô Tião era um senhor de 60 anos, que jogava capoeira como ninguém.

Em homenagem ao meu pai, mamãe me deu o nome de José. Quando completei 13 anos, fomos à cidade onde nós, eu e meus irmãos, fomos registrados; aí passei a me chamar José Porfírio Santiago.

O meu pai também viera de outra fazenda. O Sr. Silva era uma pessoa que atendia aos apelos dos escravos da região, que viviam a lhe pedir ajuda. Quando sabia de um escravo que estava sofrendo muito em outra fazenda, e se acaso esse escravo conseguisse um jeito de lhe mandar recado, o Sr. Silva fazia o possível para atendê-lo. Ia com o seu jeitinho brasileiro e o comprava. O meu pai fora negociado numa feira de jovens escravos. Era uma das "peças" do coronel Albertino Santiago, um riquíssimo português que se instalara em terras brasileiras.

Alguns fazendeiros ou coronéis, como queiram assim os chamar, documentavam seus escravos em cartório, dando os seus sobrenomes, por isso o meu pai assinava Santiago. Outros fazendeiros preferiam um registro diferente, marcava-os a ferro quente, como se fossem animais. Em certas fazendas onde tinham capelas e que os fazendeiros não queriam os seus negros pagãos, o vigário dava os nomes ou mandava que os escravos escolhessem, e recebiam o sobrenome parecido ao da fazenda onde viviam.

O meu tio fora comprado no mesmo dia em que o Sr. Silva adquiriu o meu pai, no mercado livre onde várias garotas e garotos escravos se encontravam à venda.

Assim como tinha a venda de adultos, existiam também mercados com jovens escravos, que muitas vezes não eram negros traficados, mas, na sua maioria, brasileiros nascidos cativos e que, para alguns proprietários, era um negócio lucrativo. Fazendeiros viam o crescimento dos lucros apenas com a reprodução humana em cativeiro. Às vezes, certos fazendeiros tinham escravos apenas para reprodução, diferentemente de outros que os mantinham para os cuidados com a lavoura e a fazenda.

Nesse caso, a Fazenda Santiago sobrevivia da reprodução e vendas de cativos. Quantos negros jamais souberam de quem descendiam, e assim foram levados até para outros Estados.

Meu pai estava ali com outras crianças e fazia carinho no meu tio Manoel, rezando para não serem separados. Meu pai tinha 12 anos e o titio estava com 11. A mulher do Sr. Silva, vendo aquela cena de fraternidade entre os dois e presenciando um capataz que tentava separá-los com estupidez, batendo com o cabo do chicote em suas cabeças, comovida acabou pedindo ao Sr. Silva que os comprasse. Cresceriam unidos e inseparáveis, graças àquela bondosa sinhá e aos Orixás a quem eles tanto clamaram.

Capítulo 2

Infância e Puberdade

Em 1871, com a Lei do Ventre Livre, crianças nascidas a partir daquele ano deixariam de ser escravas. Os filhos de cativos nasciam livres, pois eram protegidos por essa lei. Mas os pequenos começavam a trabalhar cedo; desde os 4 anos ou menos, eram levados com os pais para o batente. Era assim que se procedia, mesmo com a Lei do Ventre Livre, que, aliás, era lei apenas no papel, pois era tudo uma farsa, não a cumpriam; alguns fazendeiros faziam vista grossa às leis promulgadas no Brasil.

Os escravos, em época de plantio, podiam ter a ajuda dos pequenos. Os maiores, entre 10 e 13 anos, iam fazendo as covas; os menores, entre 5 e 7 anos, colocavam os grãos contados; enquanto crianças entre 3 e 5 anos vinham cobrindo com os pés. Quando se plantavam troncos, como cana-de-açúcar, manaíba (tronco da mandioca), eram crianças entre 7 e 10 anos que enviesavam os troncos nas covoadas, e não se permitiam erros no plantio.

Em época de colheita, os pequeninos também estavam lá, contribuindo com suas partes. Cortando cana ou colhendo café, era fatal terem ataques de cobras, às vezes enroladas em touceiras de cana ou até mesmo nos pés de café. Muitas vezes os escravos, ao puxarem o café dos pequenos galhos, traziam uma pequena cobra que caía nos balaios misturando-se aos grãos. Algumas permaneciam quietas no balaio, enquanto outras caíam nervosas; aí era um bote certeiro. Algumas vezes davam o bote no rosto e pegavam os olhos dos pobres coitados. Quantas vezes, catando o café caído no chão, os pequeninos pegavam em filhotes de cobras, escorpiões ou lacraias. Alguns desconheciam certos bichos peçonhentos e, quando conheciam, às vezes não tinham tempo de fugir deles.

※

Da minha infância nada tenho a dizer que me magoe, pois foi um período feliz. Gostava muito de estilingue, boleadeira e bodoque; armei arapucas, mundé (armadilhas para animais), enfim, pude aproveitar de muitas maneiras. Aprontei muito e fui muito castigado também. Muitas que eu aprontava nem chegou ao conhecimento dos meus pais; por isso, quando me batiam, eu era sempre merecedor.

Na época da colheita do milho verde fazíamos curau, pamonha, mingau, bolo, jimbelê e muitas outras coisas. O milho maduro era pendurado para secar em estaleiro e, depois, para ser debulhado para um novo plantio ou ser torrado e tirar a farinha de milho e até mesmo a paçoca. O mesmo fazíamos com o milho quando este era posto para pubar. Após dois dias, e depois de seco ao sol, era moído, de onde se extraía o fubá para fazer manauê (bolo), angu, polenta, biju, cuscuz e mingau.

Uma passagem de minha vida de que não me esqueço nunca foi quando conheci o trem de ferro. Eu estava com meus 9 anos e sempre ouvia falar da maria-fumaça; nas minhas idas à cidade, eu andava sobre os trilhos, mas nunca vira a tal máquina. Assim como outras crianças, eu, logicamente, tinha curiosidade de conhecer, pois diziam que era uma coisa que assustava, que fazia barulho, enfim, falavam tantas coisas que a gente imaginava ser algo do outro mundo.

Os mais velhos diziam que era uma máquina de ferro que comia gente peralta, que sumia até com os nossos ossos.

Um dia eu fui à cidade com o meu pai e outros negros adultos. No caminho de volta, eu me distanciei correndo na beira da linha e brincando de montar um cavalo-de-pau, quando ouvi o apito ao longe bem atrás de mim. Olhei para ver do que se tratava e, além de não ver quem fazia aquele "piuiiiii", também não vi meus companheiros de viagem.

Assustado, aumentei os passos que me pareciam não sair do lugar. Vendo que o barulho se aproximava, saí em desabalada carreira, enquanto o som ficava mais alto. Eu, em minha inocência, ouvia aquele barulho dizer: "Eu como gente / eu como gente / eu como gente / eu como gente". Então, com o barulho se aproximando, e eu que parecia não sair do lugar, olhei para ver o que era. Vinha em minha direção aquele monstro que eu não sabia identificar, e me esqueci de se tratar da maria-fumaça. Pensei que era o fim do mundo, que o mundo vinha se acabando. Ferros rangendo pareciam dizer: "Eu como gente / eu como gente / piuiiiii".

Entrei no mato e continuei a correr sem parar. Pensava que ia morrer sem me despedir do meu pai, da minha mãe e dos meus irmãos; era o fim, pensei.

– Meu Deus, o que faço? Vou morrer sozinho. Valei-me, Deus do céu. Minha Nossa Senhora Aparecida, o que vou fazer?

Gritei tanto por socorro, que nem percebi que a mariafumaça passara por mim, e já ia longe resolvendo "não me comer"; deve ter achado que não valia a pena me comer... Tão magro e tão raquítico que eu era, seria perigoso quebrar os dentes dela.

Quando o pessoal que andava com o meu pai se aproximou, começaram a dar risadas, pois vira o meu desespero em querer me livrar da morte.

Com o passar do tempo, eu me familiarizei com a maria-fumaça, até corria junto ou atrás dela.

~~~~~~~~~~

Meus pais agora tinham sete filhos: quatro mulheres e três homens, porém todos com diferença de um ano. Eu já estava com 10 anos. Primeiro era a Maria Aparecida Porfírio Santiago, depois eu, em seguida a Maria Quitéria, acompanhada do Manoel – conhecido por todos como "manezim", depois vinha a Tereza, seguida pelo João e, por fim, a Isaura, que agora tinha apenas 5 aninhos e, desde pequena, dava sinais do quão santa seria.

Eu ia completar 11 anos quando encontrei a minha irmã mais velha atrás de um pé de jaca a esperar o Jorge. Notando que ela estava ali escondida, fiquei a espreitar até descobrir o motivo.

Minha irmã completaria 12 anos naquela semana. Não comemorávamos aniversários, pois para o negro não fazia diferença se era uma data importante ou não. Ficamos combinados de que eu não contaria nada, se ela fizesse tudo o que eu ordenasse e jamais me diria a palavra "não".

O Jorge estava com 15 anos e já era bem famoso na região por se tratar de um rapaz de "mão leve", motivo pelo qual muitos pais proibiam amizades ou namoricos. Papai jamais aceitaria que o rapaz estivesse enamorando uma filha dele, e não perdoaria qualquer um de nós que mantivesse amizade com ele.

Eu me beneficiei muito daquela situação. Quando a minha mãe fazia quitandas e armazenava em cestos, a minha irmã sempre achava um jeitinho de pegar algumas guloseimas para mim. Às vezes, eu levava recados ao Jorge ou vice-versa. Inocentemente, eu estava treinando para ser um mestre da cafetinagem no futuro.

Maria Aparecida era as pupilas dos olhos de meu pai; ele achava que, por ser a filha mais velha, não lhe daria decepções. Assim, ele, na sua imaginação, construiu uma redoma, um oratório, um pedestal; prendeu lá dentro a minha irmã e a santificava. Aquele cristal de grande valor não podia cair, muito menos se quebrar. Depois dela, o seu amor era visível pela Isaura, talvez por ser a caçula.

Os pais veem seus filhos refletidos à própria imagem, em um espelho imaginário, o que não deveria ser assim, pois cada pessoa tem um pensamento e um destino a cumprir e que, na maioria das vezes, não se assemelham com os dos antepassados.

A Mariazinha foi uma decepção para os meus pais, pois engravidou logo em seguida. Meu pai, ao descobrir, ficou revoltado e falava em expulsar a minha irmã de casa. Por vários dias tocaiou o Jorge, que desapareceu sem deixar vestígios.

A Srª Silva esteve por várias vezes aconselhando o meu pai, que agora se consumia com a bebida. Tentava apagar da lembrança cada minuto feliz que passou em companhia da minha irmã. Falava sempre que Mariazinha deveria sair de casa assim que o neném nascesse.

Lógico que eu tinha grande culpa em tudo o que estava acontecendo. Mamãe sofria com a situação, mas não podia abandonar Mariazinha nem deixá-la ser jogada ao mundo.

Aos poucos nosso castelo ia se desmoronando, e eu me sentia culpado, pois tinha participação em toda aquela situação. Eu deveria ter posto um cabresto naquilo, mas não o fiz.

Mariazinha estava linda grávida... Cara de menina mulher... Jeito de senhora... simplesmente linda. Mamãe sempre aconselhando, ajudando, prestativa e atenta a qualquer detalhe. Vó Benícia cuidava com carinho do que ela chamaria de bisneto. Ela ajudara mamãe a dar à luz aquela menina que agora estava quase a lhe dar outro neto.

Vó Benícia estava muito cansada. O peso da idade não lhe perdoava, e a nossa avó reclamava muito.

Às vezes passávamos horas e horas sentados à sua volta contando causos e ouvindo as histórias sobre os nossos antepassados; histórias de fugitivos, de como vieram para cá. Sentávamos à sua volta porque eram tristes e interessantes os relatos de uma escravidão, de um preconceito nojento que nunca vai acabar para os pobres de espírito.

O tempo foi passando, e o meu pai a cada dia se envolvendo mais com a bebida. Começou com a jinjibirra, de que ele já gostava bastante, e logo passou a tomar a cachaça. Ele se tornou um alcoólatra de carteirinha. Daí, para começar a mudar o gênio e as atitudes foi um pulinho, pois aquele carinho por todos nós, seus filhos, tinha acabado; o amor que ele sentia por minha mãe, aquela coisa bonita que parecia história de um conto de fada, tornara-se algo subvertido. Era como um cristal que parecia ter caído e se partido em vários pedacinhos, não ia adiantar colar.

Mariazinha rezava com a minha mãe, vendo o sofrimento do meu pai, pois sabia que a culpada era somente ela. Mesmo eu contando com apenas 11 anos, sentia que Mariazinha não era de todo a culpada. A pessoa que bebe para esquecer um problema falha, pois assim arranja outro.

Não adiantaram os conselhos dos mais velhos, os palpites do senhor e da senhora Silva; o meu lar ia a cada dia caminhando para o abismo. Mamãe lutava em defesa de Mariazinha, e todos padecíamos ao ver o sofrimento das duas.

Quando a minha irmã já estava indo para o sétimo mês, minha mãe se viu obrigada a tirá-la de casa e a deixar sob os cuidados de mãe Tiana e vó Benícia, pois Mariazinha e mamãe não estavam mais aguentando as piadinhas e os relaxos que meu pai soltava para a minha irmã.

⁂

No tempo certo, Maria Aparecida deu à luz uma linda garotinha, que ganhou o bonito nome de Inácia. Minha irmã voltou para casa após 15 dias de parida. Inácia era o dengo de todos nós, menos do papai, que ignorava aquele bebê lindo e inocente que a cada dia ganhava o carinho de todos os conhecidos e parentes. E que orgulho, eu era titio, e fazia questão de ser chamado de tio.

Certa manhã de domingo, o meu pai estava em casa, e a Inácia já balbuciava as suas primeiras palavrinhas; qual não foi a surpresa do meu pai, sentado à porta da cozinha a saborear o seu cigarrinho de palha, e a Inácia disse alto e em bom tom:

– Papá... Papá!

Meu pai, sem graça, ia se levantando, quando viu que minha mãe o olhava com reprovação e sentira sua atitude ao ser chamado por Inácia.

Sem dizer uma só palavra, passa a mão na cabeça de Inácia ao mesmo tempo que vai saindo sem dizer nada. Olhando para o céu, minha mãe agradece feliz.

– Obrigada, minha Nossa Senhora Aparecida! Obrigada, minha santinha! Ele vai mudar... Ele vai mudar!

Minha mãe tinha muita fé em Deus, na virgem Maria e nos deuses africanos.

Com o passar do tempo e a inocente insistência de Inácia em adotar o meu pai para si, ele acabou por aceitar a aproximação da netinha, mas não queria saber de falar com a Maria Aparecida. Mariazinha pedia-lhe a bênção todos os dias, mesmo sabendo que ele não iria responder. Mesmo assim, ela não deixava de lhe pedir. Ela sabia que Deus era testemunha da sua obrigação como filha.

※

Tio Manoel Santiago casou-se com a tia Osvaldina e tiveram apenas três filhos: Teobaldo, que agora estava com os seus 9 anos; Tiburtino, com 6; e a Francisca, que contava apenas com 2 aninhos, e esta era afilhada de meus pais. Meu tio estava sempre aconselhando o meu pai, que não dava ouvidos ao que o irmão falava. É impressionante como a bebida muda o gênio das pessoas. Meu pai tinha uma consideração imensa pelo meu tio. Dava-lhe conselho e vice-versa. Era lindo o respeito que ambos tinham um com o outro e, de repente, aquele carinho, aquele amor fraternal, parecia não existir mais.

Eu estava sempre indo à cidade fazer compras para o Sr. Silva que, além de padrinho, era o meu protetor. Eu ia sempre montando um cavalo da fazenda e, numa dessas visitas à cidade, eu já com 15 anos, conheci a Creuza, uma garota com os seus 14 anos por quem me apaixonei perdidamente.

Creuza era uma bela jovem negra, olhos grandes e pretos como uma jabuticaba; risonha, ficava sempre a me olhar quando eu passava de frente a sua casa na entrada da cidade. Para chamar a atenção, ao passar perto de sua casa, eu começava a assoviar cantigas tradicionais do frevo, que é um ritmo pernambucano nascido em Recife, derivado da marcha e do maxixe no final do século XIX. A palavra frevo vem de *ferver*, por corruptela, *frever*, que passou a designar efervescência, rebuliço; apertão nas reuniões de grande massa popular no seu vai-e-vem em direções opostas, como o carnaval, de acordo com o vocabulário pernambucano de Pereira da Costa. A dança do frevo pode ser de duas formas: quando a multidão dança ou quando passistas realizam os passos mais difíceis de forma acrobática; são mais de 120 passos. Da junção da capoeira com o ritmo do frevo nasceu o passo, a dança do frevo. Era do meu feitio não ficar repetindo canções; então, às vezes, eu assoviava um samba[2] ou um samba-amaxixado. Eu adorava o samba-amaxixado de domínio público que ela conhecia e, sem dúvidas, ela correria para a sua janela ao me ver passar.

Com os conselhos de Mariazinha e Quitéria, criei coragem para cortejá-la. Sempre que eu ia à cidade e passava pelos campos, colhia uma flor para a minha amada. Ao passar de frente a sua casa, beijava a flor e a lançava pela janela.

Caso o meu amor estivesse à minha espera, com certeza ela pegaria, e nos dias que não a via, eu jogava a flor assim mesmo, pois tinha certeza de que a acharia e saberia que eu passei por ali.

Depois foi a minha mãe que me aconselhou a ser um rapaz de mais juízo e respeitá-la, e eu prontamente a ouvi. Ela dizia que eu não deveria fazer a garota sofrer pelo que a minha irmã havia passado com o meu pai.

Mas eu não estava muito preocupado com os conselhos, pois o que estava sentindo pela garota era um gostar diferente de outros gostares que eu já tinha experimentado por aí. Era algo diferente, gostoso e sem explicação. Era um gostar que até doía e, sem sombra de dúvida, uma coisa linda, que não deixava lugar para nenhum outro interesse. Era amor mesmo.

Um dia, a mamãe fez um bolo de aipim e me mandou levar para ela. Fiquei meio sem graça ao chegar na sua porta, pois para minha decepção foi a sua mãe quem veio me atender.

Fiquei sem saber a desculpa que eu daria; se pedia um copo d'água ou se entregava o bolo. Comecei a gaguejar, acho que até babei, tentando balbuciar as primeiras palavras, pois nem o nome da garota eu sabia. Eu tinha me apaixonado por aquela menina, mas apenas nossos olhos se falavam. Nunca houve diálogo entre nós, porque nossos olhos falavam aquilo que os corações sentiam. No dia em que eu ia falar com ela pela primeira vez, o meu cartão de visita fora a sua mãe na porta a me receber.

---

2. O primeiro registro da palavra samba aparece na revista *O Carapuceiro*, de Pernambuco, em 3 de fevereiro de 1838. Em meados do século XIX, a palavra samba definia diferentes tipos de músicas introduzidas pelo escravo africano.

O bolo parecia que ia ficar esfarinhado de tanto que minhas mãos tremiam; as pernas pareciam querer fraquejar ou deixar escolher em qual delas deveria me apoiar, pois tremiam como varas verdes; acho que naquela hora jogaram uma lata de tinta branca sobre mim; devo ter ficado pálido, ainda mais quando a senhora me convidou para entrar e sentar, que ela ia pegar um pouco de água para mim. Eu pensava comigo: "mas eu não quero água, quero é ir embora. Meu Deus, o que é que estou fazendo aqui?". Quando pensei em levantar e sair correndo, que não queria mais saber de namoro com ninguém, eis que surge a senhora vindo da cozinha com um caneco de água para mim. Aquela água, que bebi sem vontade, parecia descer rasgando minha garganta. Era um caneco pequeno com a medida de menos que um copo americano, mas parecia ter ali dentro mais de um litro d'água, pois o nervoso era tanto que aquela água parecia não acabar.

Eu segurava em uma das mãos um ramalhete de flores silvestres que havia colhido na estrada, flores que eu era acostumado a jogar para ela ao passar perto de sua janela. As flores não falaram pedindo socorro porque Deus não deu este poder às plantas, pois eu as havia esmagado, apertando-as nas mãos com o meu nervosismo sem medida.

Para completar a minha surpresa, eis que entra pela porta da sala o meu grande amor. Tamanho foi o susto que ela levou quando me viu, que deixou o pote com água que trazia do riacho cair no chão e se despedaçar todo, molhando a sala com chão de terra batida.

A mãe da garota ficou meio sem jeito, chegou até a perguntar a nós dois o que estava acontecendo. Foi uma tragédia a forma como nos conhecemos, foi tudo muito engraçado. Tão logo passou o susto e nós nos apresentamos, entreguei-lhe o bolo que minha mãe tinha lhe enviado, fiquei sabendo o seu nome, mas o mais difícil foi pedir a autorização para enamorar a Creuza.

Eu era um rapazote com certa postura; tinha um leve toque de cavalheirismo, não era bonito, mas, modéstia à parte, eu tinha uma boa aparência: alto, com as mãos calejadas de trabalhar na roça, apesar de eu ser avesso ao serviço braçal. Mas os pais da Creuza não sabiam disso.

Eu era de uma "religião" que me obrigava a descansar no sétimo dia, no terceiro, no quinto e assim por diante. Às vezes o meu pai e meus irmãos me encontravam escondido sob alguma moita, roncando. Quando era o meu pai, eu era acordado debaixo de chicote, enquanto os meus irmãos estavam sempre aprontando comigo.

Conheci o seu pai, um senhor bem educado e apaixonado por uma viola e pela sua família. Com a abolição da escravatura, ele e sua família preferiram seguir as vidinhas, livres de patrões. Eram de uma fazenda adepta à não-escravidão, e assim todos ficaram livres, a menos que não quisessem sair das fazendas.

Alguns fazendeiros, demostrando generosidade, ofereceram uma casinha simples a quem quisesse tentar a sorte na cidade, ou os negros podiam trabalhar nas fazendas e morar em casas próprias.

Muitos daqueles negros se transformaram em mendigos, achavam que a liberdade lhes traria sorte, dinheiro e fortuna, enquanto outros, sem terem empregos nem onde morar, sustentavam-se nas portas de botecos a se alcoolizarem, esmolando, pedindo ou se prostituindo. Parecia que o sinônimo da palavra liberdade era o avesso a tudo que significasse serviço, felicidade, alegria, etc.

Feitores ou capatazes morriam por vingança, inúmeras fazendas foram saqueadas em meio à euforia dos negros que ganhavam a sua liberdade. Houve também casos de estupro de mulheres brancas, pois era uma forma de alguns se vingarem dos maus-tratos, enquanto as crianças se transformavam em pequenos ladrões. Inúmeros episódios se deram na história da abolição da escravatura, pois essa tal liberdade foi muito mal elaborada.

꧁꧂

Autorizado o nosso namoro, eu tinha de obedecer às seguintes regras: encontro só aos domingos e apenas até o entardecer; nesses dias eu sentava em um banco, entre nós a dona Faustina e, na outra ponta do banco, sentava-se a Creuza. Não podíamos nem tocar as mãos.

. Salvo às vezes quando a dona Faustina arranjava alguma coisa para fazer na cozinha, não sei se uma desculpa para nos dar alguns minutos a sós ou não; mas ela sempre tinha algo pendente para fazer, e justamente nessas horas o meu corpo tremia ao sentir a Creuza toda dengosa se aproximando. Eu gaguejava, ficava ofegante, meu coração pulsava acelerado, parecia querer sair pela boca.

Estávamos sempre ali, sendo vigiados; mas quando chegavam as noites de festinhas na cidade, aos fins de semana, parecíamos dois cabritos amarrados e com fome quando se viam soltos.

Eu me despedia cedo com a desculpa de que o meu pai não me deixaria ir às festas, assim eu me encontraria com a Creuza mais tarde, pois ela sempre ia com duas primas que nos deixavam a sós.

Foi em uma dessas festinhas que não conseguimos conter os nossos ímpetos. Dançávamos de corpos colados e estávamos tão embriagados de amor e paixão que não sabíamos qual era a cantiga que estava tocando. O que ouvíamos eram somente as batidas dos nossos corações.

Estávamos entrelaçados e suados, e os nossos corpos pareciam um só. A cantiga havia acabado e não percebemos, continuávamos de corpos colados. Isso foi motivo de gozações, nossos amigos e suas primas riam e aplaudiam, uns gritando que a cantiga havia acabado. Mesmo assim só percebemos quando uma de suas primas nos tocou.

– Ei, vocês! A cantiga acabou!

Só então percebemos que todos riam de nós. Para nosso alívio, recomeça outra cantiga e, dessa vez, as violas, as zabumbas e os foles das sanfonas tocam algo mais animado; todos voltam a dançar e nem notam que fugimos da festa.

Fomos para debaixo de um cajueiro, a poucos metros do pequeno salão onde acontecia a festa. Ali encontramos uma grama bem aparada que parecia um campo de futebol.

Abraçados, nós nos beijamos ao som de uma linda serenata que ouvíamos. Sapos e rãs coaxavam, corujas crocitavam e os grilos cricrilavam, enquanto, ouvindo aquela melodia dos animais, nós nos enroscávamos cheios de amor.

A paixão, o amor era tão vivido por nós que, em dado momento, não conseguimos nos conter... Nós nos beijamos com tanta euforia, com tanto amor, que não nos demos conta de que já estávamos despidos.

Nós nos amamos ali mesmo, na grama, com a euforia de dois corpos que se entrelaçavam sedentos de amor. A lua linda a brilhar e as estrelas cintilando no céu foram testemunhas daquele enlace de prazer, fogo e paixão que parecia não ter fim.

Estávamos satisfeitos, cansados e deitados na grama, um nos braços do outro, e nos divertíamos com o brilho dos vaga-lumes; foi quando Creuza me perguntou:

– José, e agora, o que faremos?

– Não sei! – sem desviar o olhar do infinito – Só sei que você será minha para sempre!

– Eu te amo, José!

– Eu também te amo, Creuza!

Após proferir esta declaração de amor, nós nos beijamos e, infelizmente, nos lembramos do tempo.

– Precisamos ir, Creuza.

– Já é tarde, quase meia-noite. – Creuza se apressa.

Nós nos vestimos e fomos em direção ao pequeno salão, onde a festa caminhava animada rumo ao seu fim.

De mãos dadas, caminhamos até onde estava o meu cavalo. Conversamos por alguns instantes, nos beijamos e, com o coração partido como se fosse a última vez a nos vermos, montei o meu cavalo e saí a galope na direção da fazenda do Sr. Silva.

Passando em frente à casa dos pais de Creuza, esporeei o cavalo, apressando o galope para não ser notado.

No caminho, eu cantava e sorria de felicidade pensando na minha amada Creuza e nos minutos felizes que juntos passamos descobrindo as maravilhas do sexo feito com amor. Fiquei pensando na menina-mulher de uma forma mais carinhosa e em como assumir aquela responsabilidade, sem que ninguém percebesse algo de errado. Quero me casar com a Creuza, mas não desejo que alguém me fale jamais da ousadia antes do casamento.

Sinto pulsar forte o meu coração, um frio a me correr pela espinha, um oco na boca do estômago ao pronunciar o nome da minha amada. Era tudo tão diferente.

Em minha mente atordoada de amor, tiro as diferenças entre estar ao lado da mulher que amo e a companhia daquelas de vida fácil, onde eu estava acostumado a passar.

Desde os 13 anos, curtia os cabarés de Garanhuns. Às vezes era escondido pelas mulheres, quando os meganhas (policiais) davam batidas nos cabarés. Inúmeras vezes ficava debaixo das camas, dentro dos armários ou até mesmo detrás de balcões, até que a polícia fosse embora.

Também com o pai da Creuza, aprendi os primeiros acordes da viola.[3] Eu chegava aos domingos para visitá-la mas ficava um pouco com ele, vendo-o dedilhar o instrumento musical.

A minha curiosidade fez com que ele se interessasse em me ensinar um pouco do que sabia; então eu, com a desculpa de ver a Creuza em outros dias da semana à boca da noite, aprendi a tocar viola. Logo eu estava dedilhando uma viola como ninguém.

---

3. A viola foi criada entre os séculos XIV e XV, afinada nos tons Dó, Sol, Ré e Lá, sendo caracterizada pelo seu som melancólico e suave. A viola é um dos poucos instrumentos que utilizam a clave de Dó; Dó é mais comumente usada na terceira linha da pauta musical.

Capítulo 3

Dando a Volta por Cima

Minha irmã, a Maria Aparecida, estava completando 18 anos e, quando ela foi à cidade acompanhando a minha mãe e a Maria Quitéria para fazer compras para nossa casa, encontrou o Jorge. Ele trajava boas roupas e carregava uma mala indicando que chegava de viagem naquele momento. A maria-fumaça havia seguido viagem há mais ou menos cinco minutos.

Ao avistá-lo, Mariazinha se estremeceu toda, ficando estática no meio da rua; o mesmo aconteceu com o Jorge. A felicidade de ambos era tamanha que nem se importaram com a Quitéria e a minha mãe. Correram e se abraçaram no meio da rua. O Jorge pedia perdão, beijava a minha irmã, enquanto rodopiava erguendo Mariazinha nos braços.

Minha mãe e a Quitéria ficaram pasmas olhando aquela cena, que parecia ter sido preparada para surpreendê-las no meio da rua, mas logo elas compreenderam.

Jorge pediu a bênção para a minha mãe, que o abençoou com certo ressentimento, ao mesmo tempo que jogava em sua cara a situação por que passaram ela e a Mariazinha quando ele fugiu sem querer assumir a responsabilidade sobre a minha irmã e a minha sobrinha.

Eram duas crianças quando apareceu o bebê; Mariazinha contava com apenas 12 anos e ele estava com 15; agora, seis anos depois, reencontravam-se.

Jorge até se ajoelha no meio da rua, pedindo perdão pelo que julgavam ser o seu erro, pois era um garoto e, na época, não tinha como assumir os seus atos, por isso, hoje, em face do sentimento que nutria por Mariazinha, queria casar com ela e ir embora para Caruaru.

Mariazinha, Quitéria e mamãe conversam longamente com o Jorge, falando de coisas do passado. Fala ao Jorge da garotinha, a sua filha Inácia, e como estava.

Então Jorge lhes fala que a sua intenção em voltar a Garanhuns era pura e simplesmente para reencontrar, reatar e levar a mulher que ele ama.

Ele fala para a Maria Aparecida que trabalhou, juntou dinheiro e montou uma loja de roupas na cidade de Caruaru, está bem e quer levá-la embora.

Na verdade, não foi bem assim; mais tarde ele confessou à Mariazinha a verdadeira história, garantindo que não roubava mais, porque ele se deu bem num assalto que realizou.

Após um assalto bem-sucedido a uma relojoaria em Pesqueira, cidade vizinha a Garanhuns, Jorge veio a ser preso, cumprindo pena leve por falta de provas; ao sair, montou uma loja de roupas em Caruaru. Não correria o risco de suspeitarem de uma pessoa recém-chegada à cidade e com um negócio próprio, ainda porque argumentaria ter ganhado de presente de um padrinho, senhor que tinha a posse dos pais que eram escravos. Naquela época era comum o escravo oferecer os filhos para os senhores, pois assim achavam que sempre teriam proteção.

Foi uma barra enfrentar o meu pai e dar as explicações devidas para o que levou o Jorge a retornar à nossa cidade. Por fim, meu pai aceita, pois após se casarem eles iriam embora.

Para retornar a Garanhuns, Jorge promoveu um funcionário a gerente, assim garantiria a segurança de sua loja enquanto estivesse fora, o que durou pouco menos de um mês.

O vigário foi chamado para fazer o casamento na fazenda do Sr. Silva, pois batizados e casamentos não eram celebrados em igrejas "de brancos", por isso tinham de ser realizados em capelas construídas nas fazendas, o que também não era bem visto pelos escravocratas.

Na fazenda do Sr. Silva, construíram uma pequena capela em honra a Nossa Senhora Aparecida, onde todos rezávamos e fazíamos nossos pedidos. A igrejinha permanecia aberta durante o dia e, depois das 18 horas, era fechada. Tínhamos o hábito de às vezes visitar e rezar na igrejinha; por isso, não prevendo o dia que alguém precisasse ir fazer orações, o Sr. Silva ordenou que ela devesse ser aberta durante o dia. Em ocasiões de velório, velávamos os nossos entes também na própria capela.

Nossa Senhora Aparecida surgiu em outubro de 1717 pelas mãos de três pescadores, Filipe Pedroso, Domingos Garcia e João Alves, ao jogarem sua rede no rio Paraíba, próximo ao porto de Itaguaçu; quando içaram, veio a santinha. Primeiro apenas o corpo sem a cabeça e, depois, numa outra jogada de rede por João Alves, pescaram a cabeça.

Fui entregue a ela pela minha mãe quando nasci; desde então, ela se tornou a minha padroeira e madrinha.

O casamento da Mariazinha seguiu na mais perfeita ordem, e eu pude curtir muito com a minha amada Creuza.

Apesar de tudo estar muito bonito e bem feito, o Sr. Silva chamou a atenção do meu pai por causa da bebida e a cara de poucos amigos com que ele se portou na cerimônia.

Dois dias depois, Jorge, Mariazinha e Inácia partiram rumo a Caruaru. Iriam viver mais alguns capítulos de suas vidas.

Na nossa casa parecia ter caído um esteio com a ausência de Maria Aparecida. Ela era a irmã mais velha e tínhamos a obrigação de respeitá-la. Não importava o que tivesse feito, desde que não desrespeitasse a gente, era assim antigamente; e eu a amava acima de tudo.

Que saudades das travessuras de Inácia, que inocentemente venceu a barreira que existia entre o meu pai e ela, junto da sua mãe. Era o xodó da casa, e nós a amávamos. Nós, os tios da Inácia, sentíamos muito a sua falta, chegamos até a pedir para Mariazinha que a deixasse conosco. Todos nos sentíamos pais e mães da Inácia.

No dia em que Mariazinha e Inácia saíram, meu pai, com a desculpa de ir pescar, foi para a beira do rio com uma garrafa de aguardente e um anzol, quando na verdade pretendia afogar as mágoas, ressentido com a despedida de Mariazinha e, principalmente, da sua netinha que o chamava de papai.

No dia do casamento, meus pais aproveitaram para batizar a Francisca, filha do tio Manoel. Com 2 aninhos, ela sempre estava em minha casa. Brincava muito com a Inácia e agora se sentia só com a ausência dela.

∼∽∾✦∾∽∼

Eu assistia com os meus irmãos a cenas que nos faziam tremer de raiva, medo e revolta. O meu pai, há um ano, sempre procurava um motivo para agredir mamãe. Não dominava mais a bebida e precisava estar sempre com um copo na mão, culpando-a sempre e a Mariazinha pelo seu alcoolismo.

Espancava a minha mãe, que ia chorar em seu quarto e, junto dela, todos nós.

Eu era um negro magro, alto; meus olhos eram tão escuros que davam um toque avermelhado e o meu cabelo era tão pixaim que nem crescia. Portanto, eu não tive tanta despesa com barbeiros.

Eu estava para completar 17 anos em 1903 e havia poucos dias que a minha irmã fora embora com a sua família.

Certo dia, tinha tudo para ser belo, não fosse eu ter chegado em casa e ver os meus pais discutirem feio, por causa de um leite que, posto em uma panela de barro para ferver, por descuido, veio a derramar.

– Este leite foi o Sêo Silva quem nos deu! Está estragando – resmungava meu pai.

– Santiago, meu amor! Calma, eu precisei pegar este pano de panela! – Explica mamãe.

– E daí?! Mais cuidado, sua desgraçada!

– Eu não ia pegar na panela quente, Santiago!

– Você devia levar uns bons tapas, sua miserável!

– Não, meu amor! Não precisa violência! Veja as crianças.

– Amor... Amor... Chega de frescuras! – grita papai, nervoso – Que amor, que nada!

Enquanto acontecia essa discussão, o meu pai segurou mamãe pelo braço.

– Santiago... Por favor, pare! Não faça isto – suplica mamãe, chorando – Eu te amo, não me bata!

– Pare de choramingar, sua égua!

Meu pai gritou com a minha mãe. No instante em que ele desfere um violento soco contra o seu olho, que corta o supercílio, mamãe rodopia e cai.

De cabeça baixa, com vergonha de erguer as vistas e nos encarar, ela tenta se levantar. Por mais que ocultasse a sua face, em um descuido me deixa ver o seu estado, e ela, sem conseguir esconder, levanta com o rosto banhado em sangue a cobrir o seu olho.

Vendo os meus irmãos que choravam, assistindo a tal cena e sem poder tomar nenhuma atitude em defesa da minha mãe, avancei contra o meu pai, com o sangue quente, pois acabava de chegar da rua; eu havia ido comprar fumo, aguardente e carne de sol para o Sr. Silva.

O nervosismo foi tão grande que nem me preocupei se o meu pai tinha muito mais corpo que eu. Ele, mesmo bêbado, possuía muita força para eu enfrentar. Mas foi doído para mim ouvir aquele doloroso "ai" que a minha mãe soltou de súbito.

Eu me atraquei com papai, enquanto os meus irmãos ficavam assistindo eu apanhar. Manezim, que era muito apegado a mim, gritou para que meus irmãos ajudassem. Minha mãe agarra-se a mim, tentando me defender, recebendo os sopapos que o meu pai desferia endereçados a mim, mas mesmo assim não me soltava.

– Santiago! Não faça isto.

– Eu vou matar esse peste! Onde se viu, um filho agredir o pai! – retruca meu pai.

– O senhor agrediu a mamãe – gritei. – Veja como ela está sangrando!

Nessa hora, os meus irmãos também avançaram contra ele. Em devido momento, a minha mãe também nos ajudava a dominá-lo. Eu lhe dei um soco no queixo, e ele desmaiou. Até a Francisca estava no meio da confusão, agarrada à perna de meu pai. Senti-me atormentado quando foi passando a raiva e em mim foi nascendo um sentimento de medo e arrependimento.

Escorei-me de costas na parede, prendi a minha cabeça com as mãos e, escorregando, sentei-me no chão da cozinha onde aconteceu tudo e comecei a chorar.

– Meu Deus! O que fiz? Agredi o meu pai... Como pude fazer isto? – pensava eu, atormentado.

Pensando no pior, voltamos todos preocupados com o meu pai. Depois ele voltou a si, meio atordoado graças à aguardente em excesso e ao soco que eu dei.

– Onde está ele? – nervoso, ainda querendo brigar, grita o meu pai – Eu vou matar aquele filho da p...! Não tem terra que eu não ande, se eu não encontrar aquele moleque. Eu vou beber o sangue dele! Ele me paga.

Ouvindo meu pai me praguejando tanto, aproveitei para sair e fui para a casa do meu tio Manoel. Eu sabia que na minha casa eu não podia voltar tão cedo.

Esperei o dia seguinte, quando o meu tio se encontraria com o meu pai e então ele teria alguma coisa para me falar; mas de nada adiantou. Desencadeou-se um certo desentendimento entre eles. Quase que o meu tio e o papai brigaram por causa de tudo que andava acontecendo. O tio Manoel não aprovava as atitudes dele e quis aconselhar contra as agressões à minha mãe.

Vendo a situação em que coloquei aqueles dois irmãos tão unidos, aumentou o meu tormento. E se eles viessem a brigar por minha causa? Achei melhor sair da casa do meu tio. Contra a vontade dele, fui até a casa-grande; procurei os meus padrinhos e pedi ajuda.

Expus toda a situação, o que deixou o meu padrinho, o Sr. Silva, muito nervoso e preocupado, além da minha madrinha, a D. Esmeralda, que agora era noiva de um advogado também abolicionista.

Fui aconselhado a permanecer na fazenda e escolher um pedacinho de terra para ficar e, quem sabe no futuro, constituir família.

Meus padrinhos ainda tentaram conversar com meu pai, que continuou irredutível na sua decisão de me matar. De nada adiantaram conversas e conselhos. Por fim, para não se sentirem culpados caso algo viesse a me acontecer, resolveram deixar-me ir, mas com a recomendação de uma "carta de alforria" e outro documento com as recomendações do meu padrinho, a quem pudesse interessar.

A abolição da escravatura se deu em 1888, mas aqui no Brasil essa lei não se fazia respeitar, pois passava pelo esquecimento dos que não queriam a ela aderir.

O Cel. Silva tinha todas as cartas de alforria dos negros da sua fazenda, então a minha carta não seria difícil. Apesar de nascer protegido pela Lei do Ventre Livre, para evitar transtornos, eu também precisava de uma. Durante alguns dias, permaneci na casa do Sr. Silva.

Parentes e amigos sabiam da minha decisão, e acompanhavam dia a dia o desenrolar das coisas.

No dia da despedida, os padrinhos me deram uma grande quantia em dinheiro que daria para eu, se tivesse cabeça, montar um negócio em outra cidade e comprar uma casa para morar.

O "feitor" da fazenda se chamava Antônio Formosino dos Santos. Era um bom senhor, ótimo esposo, grande conselheiro, honesto e trabalhador. Casado há vários anos, não tinha filhos. Esse senhor ganhou a admiração de todos nós, pelo seu jeito de nos tratar. E talvez pelo fato de não ter filhos, via-os em nós, as crianças da fazenda.

Aquele senhor abraçou-me como a um pai e disse-me com a voz engasgada:

— Meu filho, eu gosto muito de você. Jamais faça com os outros o que não quer que façam com você. Se Deus quiser, você há de ser um homem de bem.

Pareciam ser as palavras do meu pai, que devia estar ali se despedindo de mim. Eu amava muito papai, mas nesse momento não adiantava sequer eu ajoelhar para pedir a ele que me perdoasse. Ele era um homem de opinião. Se sofresse por uma decisão, a gente nunca sabia, pois ele não dava demonstração de uma mágoa que guardasse. Aquelas palavras do Sêo Formosino tocaram no fundo de minha alma, o que me fez aumentar as lágrimas. Eu tinha o apelido de "chorão", pelo fato de qualquer motivo me levar ao pranto.

Chorava de felicidade, dor, raiva, sentimento; enfim, dependendo da situação, lá estava eu com os olhos marejados d'água.

Os meus irmãos, menos a Mariazinha, foram se despedir de mim. O Manezim chegou com uma trouxinha com as poucas ceroulas que tinha e se dizia estar pronto para ir comigo. Eu jamais iria levá-lo, pois não tinha para onde ir, e ele era uma criança de apenas 14 anos; não era justo que o colocasse à disposição dos mesmos perigos que eu fosse enfrentar.

Eu e Manezim sempre falávamos de ir embora algum dia, mas não numa situação como a que me encontrava no momento. Ele nunca quis entender isso, o que o fez sair de casa aos 19 anos à minha procura, levando-nos ao desencontro, pois falaram que eu estava vivendo na Bahia, e ele supôs que me encontraria por lá, facilmente.

Minha mãe não queria que eu fosse, chorava muito e dizia coisas sem nexo.

– Meu filho, fica lá na cidade mesmo! Não vá pra muito longe.

– Não, mamãe! Eu vou sair pelo mundo, talvez eu volte algum dia pra ficar... Por enquanto, eu e o meu pai estamos de relações estremecidas.

– Meu filho... Onde quer que você esteja, meu coração permanecerá contigo. Quando sentir frio, imagine que eu estarei te abraçando para aquecê-lo. Na hora que o estômago doer de fome, pense em mim ao teu lado. Se tudo isso não te proteger... Volte para casa, que aqui é o seu lugar... Seu cantinho sempre vai estar te esperando...

Impossibilitada de prosseguir falando, mamãe desaba em prantos e, depois de seguidas despedidas, eu me afasto chorando, de cabeça baixa.

Maria Quitéria, que assim como a Mariazinha também era muito apegada a mim, ficou muito abalada com a despedida. Prometi a Manezim que voltaria para buscá-lo.

Rumei para a cidade. No caminho perguntava a mim mesmo se era a coisa certa que eu estava a fazer. Se não me arrependeria, o que fazer com relação à minha adorável Creuza? Minha cabeça girava e pensamentos diversos iam e vinham, enquanto eu continuava o caminho.

Assoviava uma cantiga de conhecimento popular, cuja música era velha conhecida de Creuza. Ela não apareceu na janela como de costume, então concluí que estivesse no rio lavando roupas ou as vasilhas.

Fui para o rio, onde esperava encontrá-la. Ela estava, como de costume, em uma parte isolada; ela acabava o serviço e eu pude observá-la por alguns minutos. Criei coragem e me aproximei; já com os olhos rasos d'água, ela sem entender nada correu a me abraçar. Expus a situação e ela tentou me entender, sem aprovar minha decisão de ir embora.

Os pais de Creuza tinham ido fazer compras, portanto, não voltariam tão já. Inconformados com o que deveria ser um "adeus", nós nos abraçávamos e chorávamos, enquanto nos beijávamos. Não resistindo aos carinhos de ambos, nos escondemos atrás de um ingazeiro e nos amamos, sem medo de sermos felizes. Permanecemos ali um bom tempo e fui despertado com o apito do trem ao longe. Dentro de mais ou menos meia hora, ele estaria chegando na estação ferroviária.

Levantei-me rapidamente e corri para um banho com a minha amada. Logo após, vestimos nossas roupas, tivemos um breve tempo para despedirmos, e eu prometi voltar para buscá-la.

Fixei o olhar na Creuza e, chorando, disse a ela:

– Me espere, meu amor... Retornarei pra te buscar... Um dia voltarei.

E quando estiver se sentindo só, olhe para o céu, e verás as estrelas, e, se uma brilhar mais que as outras... Será eu que em silêncio estará a te admirar. Nesse momento sentirá que meu mundo pertence a você. Eu te amo.

Saí correndo antes que a Creuza repetisse "fique Zé e, por favor, não vá". Fui esperar o trem na estação. Torci para que ninguém viesse me ver partindo. Comprei o bilhete para a minha viagem e entrei no trem.

Procurei um cantinho de onde eu pudesse ver a casa da minha amada, pois ela não viera para me ver partir.

O trem apitou, avisando que iria seguir viagem. Olhei pela janela e vi duas figuras conhecidas correndo em direção à locomotiva. Eram Manezim e a minha Creuza que corriam e agora tentavam um último adeus. Manezim acenava com a mão, e a Creuza abanava um lenço branco, mas no fundo não queriam se despedir e sim tentar me impedir de seguir viagem.

Nós nos olhamos até o trem sumir numa curva.

Capítulo 4

A Vida pelo Mundo

Caruaru.
Desembarquei e fui logo correndo em busca de uma pensão antes que anoitecesse. Baseado no que o Jorge havia me falado, mal esperei o dia amanhecer e pus-me a procurar por ele. Bati em várias lojas e busquei todas as informações possíveis, mas jamais o encontrei na cidade de Caruaru.

Caruaru, capital do agreste que mais tarde ficou conhecida como a capital do forró, foi ali que o primeiro agrupamento urbano surgiu na segunda metade do século XVIII, no entorno da então Fazenda Caruru, e município de Bezerros, de propriedade de José Rodrigues de Jesus.

Devido à sua posição geográfica favorável, ponto central de diversas propriedades agropastoris e passagem obrigatória do transporte de gado do sertão para o litoral, experimentou o franco desenvolvimento. A partir de 1848, o nome Caruru – sem explicação aparente ou, na opinião de alguns, decorrente de uma doença que acometia o rebanho bovino na época, chamada caruara – deixa de ser citado em documentos escritos, aparecendo em seu lugar a atual denominação, Caruaru. Em 1847, torna-se município e sua Câmara Municipal é instalada. Mais tarde, por volta de 1848, cidade de Caruaru.

A cidade dos imigrantes brancos de olhos azuis; bem, não me acho no direito de entrar nesta discussão, pois o nosso país teve uma mistura honrosa de cores, raças e credos.

Meu dinheiro estava acabando e em nenhum momento tive o juízo de pensar no futuro. Dinheiro que os meus padrinhos me deram preocupando-se comigo, e eu gastei sem me importar com nada.

Quando eu já não tinha mais nenhum tostão nos bolsos, caí em desespero. Para um "eu" que não gostava de pegar no pesado, agora era eu e eu, não tinha papai e mamãe nem tio ou padrinhos para ensinar-me a viver no mundo.

O meu pai sempre dizia: "O céu é alto e o mar é fundo, anda com jeito para aprender a andar no mundo". Agora era hora de andar com as minhas pernas.

Sofri muito, distante da minha família, dos avós, do jeguedê, dos amigos. Sentia-me só num mundo distante, numa cidade em que poucos se conheciam e que, apesar de pequena, ninguém sabia quem era o Jorge.

Procurei por um serviço e somente no sábado um senhor, dono de um estábulo na cidade de Pesqueira, admitiu-me; lá eu também aprenderia o serviço de ferreiro.

Somente no dia seguinte seguiria viagem para aquela cidade, então fui pedir a Dona Corina, onde eu me hospedava, a permanência por mais aquela noite, pois meu dinheiro acabara. Não havendo acordo com ela, dormi na rua, na porta da mesma pensão onde, quando tinha dinheiro, eu era pensionista. Eu pagava sempre com dois dias de antecedência e não ficava devendo nada. Quando pedi ajuda, ela me foi negada.

Dormi ali mesmo, sentado sobre a pequena mala de madeira com apenas duas calças, duas camisas e três ceroulas feitas de saco de farinha alvejado na soda cáustica e água quente.

Ao amanhecer, quando a Dona Corina veio abrir a porta, olhou-me com indiferença, e sequer um café ou somente água para eu lavar o rosto me foi oferecido. Ao relento, passei uma noite que parecia não ter mais fim, foi terrível; caía uma garoa fininha que eu sentia doer nos ossos e sem um pano sequer para me proteger do frio.

Era uma viagem retornando a Garanhuns, e muitas coisas me vinham à lembrança. Mesmo assim retornei até Pesqueira. Viajei de segunda classe, mas na hora do almoço tive direito de comer. Comi o equivalente a três pessoas, já que não jantei na noite anterior nem tomei o café da manhã.

Acompanhei o Sêo Siqueira em direção à sua fazenda, que ficava ao extremo de Pesqueira, uma cidade cuja origem do nome "Pesqueira" remete ao ano de 1800, quando o capitão-mor Manoel José de Siqueira recebeu umas terras localizadas ao pé da serra do Ororubá. Nelas, o capitão construiu a sua casa, onde hoje é a sede da Câmara Municipal, e a igreja de Nossa Senhora dos Homens.

Aos poucos, o pequeno lugarejo, chamado Fazenda do Poço Pesqueiro, começou a crescer em importância. A fazenda tinha uma estrutura audaciosa para a época e logo ficou conhecida, ganhando assim o título de sede do município de Cimbres. Somente em 1880 o lugarejo foi elevado à categoria de cidade com o nome de Pesqueira.

O Sr. Siqueira, como era conhecido, teria herdado mais terras não fosse o crescimento da cidade, que a cada dia oferecia chances a quem tivesse potencial e quisesse investir.

Na fazenda, eu dormia em um paiol numa cama feita em jirau; o colchão e o travesseiro eram enxertados com palhas de milho.

Trabalhei tomando conta dos animais do Sr. Siqueira e ao mesmo tempo aprendia a fazer muitos serviços de ferreiro. Aprendi entre outras coisas a fazer ferradura para animais. Tornei-me um exímio profissional.

―⁂―

Permaneci ali por quase dois anos. Então rumei novamente para Caruaru. Eu agora queria alcançar Recife, pois ouvia falar muito daquela cidade, e em Caruaru eu iria tentar, mais uma vez, ver se encontrava o meu cunhado, o Jorge.

Procurei me instalar e fui me hospedar na pensão do Sr. Otto, um lugar aconchegante onde a comida era saborosa, os lençóis eram cheirosos, o tratamento, de primeira, e ficava defronte à pensão da Dona Corina. Por via das dúvidas, procurei pagar uma semana antecipada a ter que correr novamente o risco de dormir ao relento.

Ainda em Caruaru, viciei-me em baralho; aprendi com um velho negro os truques do jogo, e daí para a fama foi um pulinho. Passei a ser considerado o rei do carteado.

Numa dessas minhas jogatinas conheci um senhor que disse ter sido gerente de uma loja de roupas. Que o moço viajou para Garanhuns e voltou casado; em seguida, pôs a loja à venda e, após vender, resolveu mudar de cidade e montar outro negócio em outra localidade. Deduzi então que seria o Jorge.

Fiquei na cidade para arranjar um bom dinheiro e seguir viagem para Recife, uma vez que o amigo de jogos não sabia para onde teriam mudado, talvez para Garanhuns.

Em 1906, fui apresentado a uma mesa de *snooker*, a sinuca brasileira. O bilhar existe desde o século VI a.C., mas foi sofrendo modificações desde 1755. Somente a partir de 1880 o mundo ficou conhecendo o jogo de carambolas que com o tempo se transformou, e hoje é o que é.

Sempre que precisava de um dinheirinho extra, eu ia pegar na mesa de carteado, que era fácil a trucagem. Quantas e quantas vezes eu era obrigado a fugir de quebra-quebras que surgiam em salões por causa das diferenças que alguns jogadores sentiam na mesa em que rolava um bom carteado.

Mas eu não sabia guardar dinheiro, pois ele vinha muito fácil. Ainda nas mesas de sinuca e carteado, um vício levou a outros; um mal que aprendi foi jogar na companhia de uma boa cerveja com uma dose de boa aguardente ou de uísque[4] e até mesmo de um bom conhaque.[5] Esses eram os amigos a quem devia a minha fidelidade.

---

4. *Whisky, whiskey* e, em português, uísque. Surgiu das alquimias perpetradas nos mosteiros da Idade Média, mais ou menos no ano de 1494, a exemplo do *champanhe* e de alguns licores, com a justificável desculpa de ser usado em tratamentos medicinais, ou como um elixir da vida eterna. A história mais difundida é a de que a arte de destilar surgiu na Irlanda, mais ou menos no século V, e com os missionários cristãos emigrou para os mosteiros escoceses através do litoral oeste, até alcançar as Highlands, as Terras Altas, e em seguida ser espalhado por todo o país e o mundo.
5. Conhaque – o nome em português é derivado da palavra francesa *cognac*, um tipo de conhaque com indicação de procedência da região homônima da França. É usualmente degustado após as refeições.

Só não podia passar dos limites, que aí se via a infidelidade desses companheiros.

Passei pouco menos de um ano em Caruaru. Um dia resolvi seguir para Recife, mas antes eu tinha uma pendenga para resolver, pois sempre fui conhecido pelo meu cinismo e a desfaçatez com que resolvia uma questão.

Meu sorriso era, em algumas ocasiões, a marca registrada para esconder uma imagem de falso. Eu tratava de resolver os problemas, com o pior dos meus inimigos, com um largo sorriso e o meu cigarro mistura fina, bossa nova ou Luiz XV.

Na véspera de eu seguir viagem, peguei alguns trocados e fui direto à pensão da Dona Corina.

Quando lá cheguei, fui atendido por um rapaz que, a meu pedido, foi correndo chamar a Dona Corina.

– Em que posso aju... – A velha senhora se assustou quando me viu, chegando a engolir seco – Vo... Você não é aquele rapaz que me pediu hospedagem e pernoitou ali na calçada?

– Sou eu sim, Dona Corina – respondi com ar de superioridade.

– Em que posso ajudar?

– Quanto a senhora está cobrando por uma noite de dormida, hoje?

– Três contos de reis...

Enfiei a mão no bolso e tirei um bolo de dinheiro. Separei três contos de reis e o entreguei a Dona Corina, que estendeu a mão para pegá-los sem saber a minha verdadeira intenção.

– Estão aqui, três contos de reis que iriam fazer falta para a senhora, se eu tivesse ficado naquela noite e pagasse depois – entreguei-lhe o dinheiro e fui virando as costas. – As pessoas não devem negar uma cobertura nem a um cachorro, Dona Corina, e a biqueira do seu estabelecimento não foi o suficiente para me cobrir da garoa que caía naquela noite; mas eu fiquei!

– Este dinheiro... Você não quer ficar aqui? – falou a Dona Corina sem graça.

– Agradeço a sua preocupação, mas estou nesta pensão que abriu aqui de frente com a senhora; lá o tratamento é diferente e o ambiente é bem melhor. Passar bem, Dona Corina. Se precisar de mais, procure-me que eu lhe darei, com grande satisfação – falei com deboche e fui saindo da sala.

Naquela noite não dormi, queria me despedir dos bares, das mesas de jogos que conheci e principalmente dos amigos. Encomendei ao senhor Otto uma farofa de frango para eu comer durante a viagem. A farofa foi colocada numa lata de banha de dois quilos, que existia naquela época.

No dia seguinte, comprei uma viola e um punhal de um senhor negro, que tinha o vício do álcool, e fui para a estação. Lá chegando, vi o chefe da estação que devolvia o dinheiro de todos os que tinham comprado passagens no dia anterior. O motivo foi um telegrama avisando sobre um trem descarrilado no trajeto de Caruaru a Recife; provavelmente levaria dias para acertar tudo e o transporte voltar ao normal.

Eu não queria ficar em Caruaru nem mais um dia, pois nem todos os dias a sorte batia na minha porta. O meu dinheiro era pouco e já tinha me despedido dos amigos, prostitutas e mesas de bilhar. Eu não costumava voltar atrás nas minhas decisões. Tinha que partir de qualquer jeito.

Recebi de volta o dinheiro do chefe da estação e saí perambulando pela rua. Eram 8 horas da manhã quando avistei um cavalo amarronzado totalmente arreiado pastando pelos arredores. Ao lado, à beira da estrada, um homem claro aparentando uns 45 anos estava caído e não aguentava se levantar de tão bêbado.

Um pensamento maquiavélico passou pela minha cabeça: roubar aquele cavalo e viajar... Olhei os arredores para ver se alguém estava a me olhar. Notando que tudo podia passar despercebido, segurei firme no cabresto do animal e fui me afastando, em uma rua onde eu não seria notado. Amarrei a mala, arrumei minha viola no cabeçote da sela e saí a galope até ficar distante da cidade, onde pude seguir o meu destino mais tranquilo.

Nunca tinha me apossado de nada de ninguém. Ser negro e pobre é uma qualidade e não defeito, mas qualquer que seja a cor da pele e ser ladrão, isto sim, é um defeito. Um defeito que pega como uma nódoa, mancha a honra e em qualquer lugar que se passar todos irão dizer: "Lá vai o ladrão". Ainda mais ladrão de cavalo. Isso sem contar o peso da consciência, se a gente não tem o costume. Pelo Nordeste, é um apelido feio o de "ladrão de cavalo".

O que diria meu pai se soubesse de uma coisa dessas. Mesmo bêbado ele me bateria com razão. Poderia aceitar com certa dificuldade qualquer erro de um filho, mas jamais esse agora cometido por mim.

Era quase meio-dia, e eu estava exausto. O cavalo também precisava descansar. Encontramos uma bonita árvore a cobrir um lajedo por onde rastejava um pequeno riacho.

Apeei do cavalo, tirei as minhas coisas e o levei até o rio onde ele bebeu água. Deixei-o pastando à vontade e me esqueci de prendê-lo para evitar que fugisse.

Despi-me e me banhei nas águas correntes e gostosas, amparadas pelo sol quente do meio-dia. Após aquele banho relaxante, fui sentar-me sobre o lajedo à sombra daquele arvoredo, enquanto mantinha os pés dentro d'água e saboreava aquela deliciosa farofa.

Pensei em tirar uma soneca após degustar um bom gole de conhaque que eu levava e tirar uns tragos no cigarro. Dormi por pelo menos uns 45 minutos e acordei assustado com um sonho que tive. (Eu estava na beira da linha para pegar o trem, quando a polícia veio em minha procura. Ia levar-me preso, quando acordei assustado.)

Depois de vestir-me e tentar pegar o animal que fugia de mim a galope, ouvi gargalhadas e o tropel de cavalos que vinham de uma direção não muito distante dali; foi quando pude notar, a certa distância, quatro cavaleiros vindo em minha direção.

Eram os meganhas, ou macacos, como eram chamados os policiais na gíria popular da época. Desisti de tentar pegar o cavalo e fui me esconder, mas um meganha me viu escondido e galopou em minha direção, avisando os seus colegas. De armas em punho, eles me mandaram sair do esconderijo e não me deram tempo para explicar, já foram me agredindo com palavrões.

— Seu negro vagabundo! Filho de uma égua.

— Quem é você? De onde vem? — pergunta um soldado.

– Eu me chamo José Porfírio Santiago e venho...
– Cale a boca, seu nojento! – grita outro soldado.

Aquelas palavras vieram acompanhadas com um soco que arrebentou minha boca. Enquanto um revirava as minhas coisas no chão, outros três me batiam e, quando caía, levava chutes por todo o corpo. Por respeito, não tentei sequer me defender, pois eu era bom capoeirista.

Depois de apanhar bastante, um tal de Joaquim pegou minha viola e pisou no seu bojo quebrando-a. Em seguida, acharam o meu punhal e ficaram disputando no par ou ímpar quem iria se apossar dele. Por fim, acharam a carta de alforria dada a mim pelo Sr. Silva. Começaram a ler as recomendações em uma segunda carta e logo o Sr. Silva era classificado como uma chacota, pelo fato de ele ser amigo dos negros e não escravizá-los. Como sempre, o Joaquim, por ser o mais abusado, lançou mão das cartas, rasgando-as e jogando-as na minha cara. No par ou ímpar ele perdeu o meu punhal, mas o ganhador o ofereceu ao Joaquim, para liquidar uma dívida entre os dois.

Ali mesmo se sentaram para descansar e acharam a minha lata de farofa, os cigarros e o conhaque. Comeram, fumaram e beberam até se fartarem.

O Joaquim me olhava, bebia e derramava conhaque no chão e dizia com deboche:

– Este conhaque, você roubou negro? Se eu descobrir que você roubou de alguém, eu te mato! Negro safado! Ah! O seu punhal agora é meu. Está bem afiado.

"Seu porco nojento!", eu pensava com ódio. "Ainda vou te pegar um dia e farei você engolir todos os seus palavrões."

– O que é, negro, por que me olhas assim? Quer me pegar, hein? Olha que eu vou até aí.

"Filho de uma égua, no estado em que me encontro não conseguiria vencer uma mosca", desviei o olhar enquanto pensava em vingança, "mas não vai faltar oportunidade para nós. Te quero só, macaco, foi só de você que criei raiva".

Depois de certo tempo, mandaram eu pegar as roupas, colocar na mala e segui-los atrelado a um cavalo com as mãos amarradas;

eu iria ser preso em Caruaru. Fiz todo aquele trajeto, onde passei montado o cavalo, agora a pé. Às vezes, a maldade dos meganhas era tamanha que eu era obrigado a sair correndo para acompanhar o trote dos animais.

Já eram mais ou menos 16 horas quando resolveram parar para dar água aos animais. Aproveitei também. Fiquei de joelhos, deitando-me na beira do riacho e saciei minha sede.

"Meu Deus! Será que estavam me procurando por denúncia pelo roubo do cavalo? Por que eu seria preso? Mas nem perguntaram pelo animal", pensei.

Quando a consciência pesa, a gente acha que qualquer situação coloca à mostra a culpa.

À tardezinha, chegamos a Caruaru. Todos olhavam para os imponentes meganhas a arrastar o negro maltrapilho com a sua mala de quase nada pelas ruas. Desamarraram as minhas mãos e me jogaram na prisão.

– Entra aí, sêo negro fedido! – berrava um soldado metido.

Empurrou-me com tanta força que fui bater no outro lado da cela, caindo em seguida. Minhas mãos estavam inchadas e ensanguentadas, pois ficaram atadas por muito tempo.

Eu não me aguentava de pé e fiquei no chão mesmo. O mundo girava à minha volta, ao mesmo tempo que achava que ia desmaiar, pois o corpo doía. Eu clamava por socorro a Nossa Senhora Aparecida. Estava desesperado e achava que fora preso por castigo, por ter roubado o cavalo.

A noite não demorou a chegar; não me deixaram banhar ou me limpar do sangue. Apesar de não sentir fome, sequer veio o jantar que ao certo deveriam me oferecer. A noite parecia interminável, mas passou, enquanto eu, descoberto e deitado num pedaço de pano jogado no chão, gemia e me contorcia de dores e frio por todo o corpo.

Amanheceu.

O meganha do dia mandou-me tomar banho e me limpar daquela sujeira e do sangue; fazia muito frio e o banho era gelado, mas eu tinha que me limpar. Seu nome era Cirino e, por sorte, ele parecia ser camarada.

Mais tarde, descobri que ele era contra as atrocidades cometidas pelos amigos. Ele não estava naquela visita ao vilarejo vizinho, junto aos quatro colegas. Com um médico seu amigo, o meganha conseguiu remédios para mim. Seus colegas não podiam descobrir a nossa amizade, senão arranjariam problemas para ele.

Contei para ele o que me aconteceu, desde quando saí de casa até os dias atuais. Ele me disse que o Sr. Silva era muito respeitado em Caruaru, conhecido por aquelas redondezas como coronel Silva e que, de vez em quando, ele aparecia na cidade para comprar gado.

Uma noite, eu estava pensativo na minha cela quando o Cirino chegou para o seu turno; veio me dizer que ouviu comentários de que o meu padrinho estava na cidade.

Nossa Senhora Aparecida ouviu as minhas preces, trouxera o meu padrinho que, com certeza, me soltaria. Eu não deveria ter vergonha de estar ali, não era o primeiro e com certeza não seria o último a ser preso inocentemente. Envergonhar-me de quê? Eu não fizera nada!

Pedi ao Cirino que desse um jeito de avisá-lo que eu estava preso naquela cadeia, e no dia seguinte ele prontamente me atendeu. Espalhou pela cidade que um escravo fugitivo da fazenda do coronel Silva estava capturado na prisão.

O Sr. Silva negou o acontecido, pois na sua fazenda não tinha escravos, daí o motivo de não haver nenhum fugitivo. Mas, dadas as circunstâncias com as quais os comentários se arrastavam, ficou curioso e queria saber de quem se tratava. Ele foi à delegacia, bem de tardezinha.

O delegado o recebeu cordialmente, como velhos amigos. Após os cumprimentos e alguns comentários, começaram a falar de mim.

– Foi um negro vagabundo, que meus soldados apanharam por aí, coronel Silva – disse o delegado com ar de triunfo. – E estão dizendo por aí que fugiu da sua fazenda.

– Não tenho percebido. Além disso, as pessoas não têm motivos para fugir, pois fazem as escolhas delas.
– De qualquer forma, estamos com este homem aqui!
– Leve-me até ele, delegado – disse o meu padrinho com apreensão.
O delegado o conduziu até o cubículo em que eu estava. Levantei-me, ao ver o Sr. Silva aproximando-se da cela.
– José? – Sr. Silva não acreditou no que viu.
Ele não esperava me encontrar ali atrás das grades. Aliás, para o meu padrinho, podia ser qualquer um, menos o seu protegido.
– Padrinho! Sua bênção, meu padrinho!
– O que ele fez, delegado?
O delegado ficou tão apreensivo quando sentiu o clima de fraternidade entre nós, que nem ouviu o Sr. Silva.
– Delegado! Estou falando com o senhor! – Sr. Silva fica mais nervoso, vendo que o delegado não responde.
– Anh! Ah! Sen... Senhor! O que o senhor disse?
– O que o meu afilhado fez?
– Nada não, senhor coronel! Ele foi preso por vadiagem!
– Tire ele daí, já! – ordena o Sr. Silva ainda mais nervoso – Que tipo de vadiagem?
– Bem, senhor! O que aconteceu exatamente, eu não sei; ele foi trazido por quatro dos meus homens!
– O que você fez, José? – Sr. Silva me pergunta.
– Nada, meu padrinho, eu estava sentado em uma pedra descansando da viagem, aí eles vieram e me bateram, rasgaram as cartas que o senhor me deu...
– Ele estava... – O delegado tenta explicar, mas é interrompido pelo meu padrinho.
– Eu posso ouvir o rapaz, delegado? O senhor teve tempo, e não falou nada que me satisfizesse. Continue, José!
– Não me deram tempo para explicação... O Joaquim tomou a liberdade de ficar com o meu punhal, quebrou a minha viola, beberam o meu conhaque e comeram a minha farofa. Fui puxado até aqui de mãos amarradas.

Tenho dormido por oito dias sobre estes pedaços de pano que aqui estão e, às vezes, nem almoço, porque o de comer chega estragado ou frio. Eu tinha um cavalo que comprei para viajar; eles nem trouxeram, ficou amarrado em pasto alheio; a estas alturas, os urubus devem ter se fartado.

— Bem, delegado! O senhor não quer ter problemas na sua jurisdição por causa das atrocidades cometidas a este rapaz por seus homens; o senhor quer resolver isto judicialmente? Tenho informações que o levariam a perder o seu cargo de delegado se eu procurar o órgão competente! Então?

— Não senhor, cel. Silva! Mas, senhor, ele é um negro, um escravo. — O delegado se acautela, sentindo-se enrascado com aquela situação.

— Um negro? Um escravo? — Sr. Silva responde com desprezo — O fato de ser negro ou escravo não lhe dá o direito de sair por aí prendendo um ser humano por causa da cor da pele. Ele é gente como qualquer um de nós, delegado... A sua cor faz com que ele tenha mais alma e dignidade do que muitos homens que se escondem atrás de uma mesa cheia de papéis. Nós estamos no ano de 1906; que eu saiba, e tenho certeza que o senhor também, a lei é feita para ser cumprida e respeitada. No dia 13 de maio de 1888, a Lei Áurea aboliu a escravidão e, se tomarmos vergonha na cara, chegará também o dia de respeitarmos o negro pela sua cor.

— Calma, coronel... — diz o delegado com receio — o senhor está muito nervoso.

— Calma? O senhor me pede calma, delegado! O senhor nunca me viu nervoso, não sabe do que sou capaz se alguém se meter no meu caminho ou de um funcionário meu, ainda mais por causa da sua cor. O que o senhor está esperando para soltar o rapaz, vamos logo com isto?

— Está bem, está bem! Solte o nê... digo, rapaz, Aprígio, vamos seu molenga, mexa-se!

— Sim, senhor, doutor — responde um policial de plantão que acompanhava o delegado.

— Uau! Este é o meu padrinho! — gritei eufórico.

O policial que estava acompanhando o delegado suava por todos os poros do seu corpo ouvindo aquela discussão, já que ele também fazia parte daquele quarteto abusado. Eu me sentia uma pessoa importante. Talvez muito mais importante do que aquele delegado. Mesmo que eu saísse no prejuízo, já estava vingado. Meu padrinho quis um abraço, mas eu, um mero negro, filho de escravos, me recolhi na minha insignificância por estar mal cheiroso e sujo. O Sr. Silva insistiu e me abraçou, para espanto dos dois homens.

– Padrinho, como eu queria um abraço de alguém que significasse muito para mim nestes dias!

– José, meu filho!

O Sr. Silva era uma pessoa muito generosa com todos nós, os negros da sua fazenda. Às vezes, sentava em uma cadeira à beira da fogueira para tomar um trago ou comer um pedaço de churrasco de caça e bater um bom papo com os mais velhos. Chamava a nossa atenção por uma brincadeira perigosa, e nos incentivava a qualquer outra que não mostrasse perigo. Dava atenção a cada um de nós. Até se preocupava se um de nós precisasse de remédios. Quando se comentava aquelas qualidades do Sr. Silva, negros de outras fazendas, de senzalas, nem acreditavam. Ele enfiou a mão no bolso, tirando um bolo de dinheiro, e dali separou oito contos de réis que me entregou, dizendo:

– José, vai comprar roupa e se alimentar, tomar um banho e encontrar-me aqui dentro de duas horas no máximo.

– Está bem, meu padrinho!

Peguei o dinheiro, deixei a minha mala e saí correndo até chegar a uma loja. Comprei calça, camisa, sabonete e pasta de dente e corri para a pensão do Sr. Otto.

Lá chegando, fui distintamente atendido e até me emprestaram uma toalha.

Foi-me servido um prato com boa alimentação, enquanto fui falando para o Sr. Otto o que tinha acontecido durante o meu afastamento. Ele me ouvia com atenção. Eu queria pagar pela refeição, mas ele não quis cobrar dizendo-me que o almoço era por conta da casa. Agradeci e saí, pois o Sr. Silva me esperava na delegacia.

Quando cheguei na delegacia, o meu padrinho estava sentado à mesa, de frente ao delegado, enquanto permaneciam de pé em posição de "sentido" os policiais daquele dia fatídico.

À frente do meu padrinho estava um maço de dinheiro que ele me apresentou, dizendo:

— Os policiais resolveram lhe devolver o seu cavalo selado, a viola, o conhaque e a farofa em dinheiro, José! Decidiram até lhe dar uns trocados a mais, para comprar remédios, se precisar; e aqui está o seu punhal. Resolve?

Fiquei pasmo com a atitude do meu padrinho; eu sabia que desfrutava de grande poder junto ao governador, mas não imaginava que o homem tivesse tanto conhecimento assim.

Olhei para os policiais, com ar de pouco caso, um desprezo que eles notaram e se entreolharam entre si, desrespeitando o código.

— Homens! Sentido! — gritou o delegado quando viu que os soldados tinham desrespeitado o cel. Silva.

— Pois bem, José. Aqui está outra carta que o nosso delegado gentilmente escreveu com algumas recomendações.

O meu padrinho estendeu a mão segurando uma nova carta de alforria com o selo e as assinaturas dele e do delegado como testemunha.

Abracei o meu padrinho, olhei para o Joaquim da cabeça aos pés e me virei de costas, saindo pela porta de cabeça erguida; em nenhum momento eu disse muito obrigado, o que deixou o delegado ansioso por isso, chegando a frisar algo esperando que eu voltasse atrás.

— José, eu acho que mereço que você pelo menos aperte a minha mão.

— Vocês não estão fazendo mais que suas obrigações, eu não tenho o que agradecer pelo fato de estarem me devolvendo o que é meu por direito — eu disse com voz firme. — E depois, não mereceriam passar por este constrangimento; se em algum momento tivessem parado e me ouvido, e... O que devo agradecer? Pela humilhação, tortura e sofrimento pelos quais passei? Nunca!

Saí sem olhar para trás. O meu padrinho foi mais sarcástico, ao levantar-se da cadeira do delegado.

– Passar bem, delegado! Senhores, podem arranjar problemas com a infantilidade que conduzem o serviço. Passem bem!

O Sr. Silva sai nervoso daquela delegacia. Na rua, passa o braço no meu pescoço e, caminhando, começa a conversar comigo. Falou que o meu pai se arrependeu com a minha saída e que, como eu, o Manezinho também saíra à minha procura. Que a minha mãe chorava todos os dias e pedia a Nossa Senhora Aparecida para me levar de volta. Fazia poucos dias que o Manezinho tinha ido embora, e mais triste a minha mãe ficou. Falou que ela chorava e se lastimava dizendo que os três filhos dela estavam no mundo e, sabia Deus, onde?

Por conta da minha decisão de ganhar o mundo, papai estava bebendo mais e mais. O meu padrinho me aconselhou a voltar para casa. Mas eu estava decidido a continuar fora dela. Poderia ser que me arrependesse mais para o futuro, mas por ora era o que eu queria. Sabia que, se voltasse, não iria aceitar a vida que o meu pai escolhera levar com a minha mãe, já que ele tinha todas as desculpas do mundo para continuar bebendo.

Eu queria perguntar ao Sr. Silva se saberia me dar informações sobre a minha Creuza, mas evitei, pois talvez ele não a conhecesse. Era um caso isolado, alheio à sua fazenda.

Fomos para uma taverna. Ali sentamos e conversamos muito até chegar à nossa mesa o soldado Cirino, que eu logo tratei de apresentar ao meu padrinho.

Feitas as apresentações, enfiei a mão no bolso e tirei um trocado, dando-o a Cirino para pagar a farmácia, e o restante era para as suas crianças em agradecimento ao favor que ele me prestou.

Depois de muito conversar com o Sr. Silva e lhe dizer qual era o meu destino, pedi-lhe a bênção e lhe beijei a mão, após um ligeiro afago nos meus cabelos carapinhos.

O meu padrinho saiu da taverna e rumou para a pensão onde estava hospedado, enquanto eu fui comprar a passagem de trem para a manhã seguinte rumo a Recife. Oxalá não aconteça nada que impeça a minha viagem desta vez, pois se algo me suceder, o meu padrinho, amanhã às 8 horas quando já estiverem todos acordados, já terá partido.

Ao cair da noite, andando rumo ao principal cabaré da cidade, vi com grande satisfação uma figura que saía de um armazém. Caminhava rumo à sua casa. Rapidamente, entrei no armazém para comprar uma corda. Fui ligeiramente atendido pelo balconista e logo em seguida eu saí.

Segui aquela figura até quando entramos num beco escuro, cheio de tranqueiras. Era o soldado Joaquim, e eu estava pronto para cumprir a minha vingança. Sem me deixar ser notado, furtivamente me aproximei daquele canalha, pegando-o de surpresa.

Encostei o punhal nas suas costas, mandei que ficasse calado e o desarmei. Ordenei que tirasse toda a roupa e, em seguida, amarrei-lhe as mãos, enquanto o amordacei evitando assim que desse um grito sequer.

– Joaquim, você foi o mais abusado entre os soldados que me prenderam. Talvez eu não sentisse tanta raiva por ter sido preso, mas a sua figura me enoja, me dá náuseas. Você vai apanhar agora do jeito que sofri. Só que com uma diferença... Eu vou soltá-lo. Não sou covarde. E se eu perder... Mate-me, porque não se bate em um homem para deixá-lo vivo. Se eu ganhar, permanecerá vivo, para você lembrar sempre que apanhou de um negro desarmado, sem a companhia de ninguém, porque vocês são bons de briga com uma arma na mão e apoiando em alguém.

Falei aquilo no instante em que desamarrei as suas mãos e deixei que o próprio tirasse a mordaça.

Por incrível que pareça, foi a minha primeira briga de rua e eu não saí com um arranhão sequer. Descobri naquele instante que eu era bom de briga, pude pôr em prática tudo que aprendi com o meu "Mestre", o nhô Tião. Se ele me visse lutar pra valer, se orgulharia de mim, ou talvez me repreenderia por usar a capoeira em uma briga de rua, e por "vingança".

Com poucos golpes, deixei o Joaquim desmaiado e bastante machucado. Novamente amarrei seus pés e mãos, colocando a seguir uma mordaça com bastante pano dentro da sua boca. Joguei a sua roupa bem distante, deixando-o até sem calção e, em seguida, coloquei-o dentro de um caixote onde não dava para se mexer; em seguida, empurrei-o para um lamaçal bem fedido. Quando acordar, ele se sentirá tão envergonhado e humilhado que, com certeza, mudará até de cidade; isso se não mudar de profissão. Naquela escuridão e impossibilitado de pedir socorro, ninguém o acharia.

Desisti do cabaré e da noitada, voltando para a pensão. Banhei-me e logo em seguida saboreei um jantar delicioso, depois degustei uma dose de conhaque que desceu na minha garganta com sabor de vingança e vitória. Acho que aquele conhaque foi o mais delicioso que eu tomei em toda a minha vida.

Dormi o sono dos deuses, em uma cama quentinha de lençóis cheirosos e macios.

No dia seguinte, às 6h30, eu tomava meu café da manhã e pensava no frio que o Joaquim teria passado durante toda a noite. Eu precisava me apressar, pois se não o encontraram durante a noite, com certeza já estariam para fazer isso. O trem passaria às 7 horas, se não atrasasse.

Às 7 horas, eu estava na estação. Esperava com ansiedade o trem que não vinha. Dez minutos se passaram e eu já começava a me ver novamente naquela cela. Vinte minutos, eu estava impaciente e não parava de olhar para o relógio da estação a esperar que ouvisse ao menos um apito avisando da sua chegada.

Era a troca de plantão da delegacia, e o Cirino passava próximo da estação. Quis lhe chamar para saber como estavam as coisas. Talvez ele soubesse já de alguma coisa. A impaciência não me deixou observar que o trem já aparecia na curva, bem próximo dali.

Graças a Deus o trem estava atrasado e eu não fiquei na mão. Até ele encostar, mais o tempo de demora na estação, foram 20 minutos. Foram os 20 minutos mais longos da minha vida, era uma eternidade.

De repente o trem apitou, dando o sinal de partida. Suspirei aliviado. Por sorte, Caruaru estava incomunicável, pois o telégrafo não funcionava devido a outro acidente ocorrido dois dias após eu ser preso; os fios estavam interrompidos no local. Devido a este novo acontecimento, eles não avisariam para fazer averiguação na próxima estação. Eu poderia seguir em paz para Recife.

Finalmente, chegando ao meu destino, fiquei maravilhado ao perceber que tudo era muito diferente, tudo era para mim exageradamente bonito.

Aquela cidade era demais.

Capítulo 5

Minha Vida em Recife

Depois de procurar uma pensão onde pudesse me hospedar e pagar bem barato, pois não sabia como seria a minha sorte em terra alheia, eu, descansado, fui conhecer alguns lugares. Andei um pouco de bonde,[6] que para mim era uma novidade. O motorneiro deveria ter o bigode grande para combinar com o uniforme escuro e era admirado por todos.

Na oportunidade, conheci as marias-bonde, que eram uma espécie de maria-gasolina da atualidade; elas esperavam o bonde passar, enquanto ficavam nas janelas ou nas calçadas fazendo charme para os passageiros, e serviam de anarquia, enquanto algumas pensavam que abafavam.

Após três dias de curtição, era hora de eu procurar o que fazer. Não tendo opção profissional, por falta de conhecimento, fui trabalhar em uma fábrica de sapatos, o que não deu muito certo. Permaneci por dois dias. Depois fui me empregar por quatro dias em uma marcenaria. Também não deu certo, descobri que eu não suportava ser mandado, além de também não gostar muito de trabalhar. Resolvi trabalhar por conta própria; aluguei uma carroça e fui ser carroceiro, carregando lixo na região da Av. Conde de Boa Vista,

---

6. Uma versão curiosa diz que a palavra bonde originou-se a partir do sobrenome de um cônsul americano que, em 1868, tornou-se dono da primeira empresa de bondes de Belém do Pará, onde foi criado o sistema de bondes a vapor. Curiosamente, seu nome era James Bond. Em 1911, foi construído o primeiro ônibus brasileiro em São Paulo pelos irmãos Luiz e Fortunato Grassi.

onde fiquei por um mês, e pemaneceria mais não fosse o desenrolar dos acontecimentos.

Nesse serviço tive o prazer de conhecer a Igreja Nossa Senhora do Carmo, no centro de Recife, onde passei a frequentar e seguia principalmente a procissão de Santo Antônio no dia 13 de junho, consagrada ao santo. Eu tinha certo carinho por Santo Antônio, mas sempre adorei Nossa Senhora Aparecida, a minha padroeira.

Logo conheci um cabaré, na Rua da Guia, e passei a frequentá-lo assiduamente. Em uma coleta do lixo na casa de uma mulher que se dizia esposa do prefeito, fui muito bem tratado, com cafezinho e biscoitos. Travei amizade com a D. Marieta (nome fictício). Era uma mulher clara de cabelos negros, boa postura, risonha, atenciosa e, acima de tudo, muito educada.

No quarto dia, D. Marieta mostrou o seu interesse por ter me tratado tão bem. Ela se separara do prefeito e estava bastante interessada em dar-lhe o troco pelo que ele fizera.

D. Marieta pegou o safado na cama com a empregada negra e acabou expulsando-o de casa. Agora estava querendo "dar o troco" de uma forma estranha. Ela queria conseguir um galanteador barato, homem de várias mulheres, aliás, de várias amantes na cidade, que se dizia chamar Gildásio. Ela queria aquele homem, mas não tinha coragem de chegar até ele; por isso eu seria a ponte entre os dois. Levei o recado ao distinto, que aceitou logo na primeira fala. Ganhei o meu primeiro dinheiro fácil.

O prefeito desconfiado tratou de, mesmo fora de casa, seguir os passos da esposa. Descobriu o que estava acontecendo e, para minha infeliz sorte, no dia em que o caso foi descoberto, passei no portão e conversava com a senhora, momentos após o rapaz ter saído.

Passados dois dias, dois policiais pararam na frente da carroça, obrigando-me a estacionar. Deram-me voz de prisão, e eu não sabia por quê.

D. Marieta ficou sabendo e mandou um rapaz, seu empregado, levar a carroça para um lugar de seu conhecimento e soltar o burro.

Fiquei preso sob a alegação de ter espalhado a desarmonia dentro de um lar "feliz". No caso, o lar em questão era o do prefeito. O "corno" mandou capangas atrás do Gildásio, que acabou sumindo da cidade, não se sabe para onde, enquanto eu fiquei preso e incomunicável, mas o prefeito veio me visitar.

– Bom-dia! – disse o prefeito – O senhor sabe por que está tirando férias por aqui?

– Não faço a mínima... Estão dizendo coisas que eu não tenho nada a ver com a situação.

– Há quanto tempo você está por trás dos encontros da minha mulher com aquele malandro?

– Quem é a sua mulher? – eu fingia não entender do que se tratava – E quem é o senhor?

– Ah! Você não me conhece! Então não sabe quem eu sou?

– Perdão, senhor; venho de Garanhuns e cheguei aqui há pouco menos de 40 dias, então, nunca o vi. E não tenho a obrigação de conhecê-lo, ou tenho?

– Sou o prefeito desta cidade!

– Prazer... Sou o lixeiro desta cidade!

– Ainda debochas da minha cara! – o prefeito fica nervoso.

Depois de uma longa conversa, finalmente chegamos a um acordo. Eu neguei saber que a mulher era casada e de toda a história dela. O prefeito ficou furioso quando soube que os dois já se encontravam há 20 dias; pediu licença ao policial que fechou a cela e os dois saíram.

Pensei comigo: "Agora vou apanhar, que nem mala velha". Mas, por incrível que pareça, naquele tempo, a polícia, que gostava de bater, não me encostou um dedo sequer. Não sei por quê, talvez naquele momento eu tivesse a proteção do prefeito ou de sua mulher. Só sei que alguém ou alguma coisa me amparava.

No terceiro dia da minha prisão, um meganha entra na cela e me diz que estava solto. Que aquilo era para eu aprender a respeitar mulher alheia. Com um semblante de riso, para não perder o camarada, falei uma brincadeira para o soldado.

– O cara não consegue segurar a cabrita dele, tem um monte de bodes soltos por aí...

— Não comenta isso com o delegado! — alertou o policial — Ele é puxa-saco do prefeito.

Breves comentários nossos, e eu saí daquela delegacia onde eu nunca deveria ter entrado. Procurei informações sobre a carroça e o burro, e me foi informado na mesma rua que a D. Marieta tinha mandado um empregado seu encarregar-se de levá-los. Lá vou eu de novo à casa onde minha falta de sorte começou.

Receoso, cheguei na porta e ia bater palma quando o jardineiro me mandou aguardar. Logo eu fui atendido por D. Marieta, que me apareceu muito sem graça e se desculpando pelo acontecido.

O burro e a carroça estavam sob os cuidados do jardineiro, que logo os foi buscar, enquanto fiquei sabendo que fui liberado por um acordo feito entre a D. Marieta e o prefeito.

Ele me culpava pelo fato de Gildásio ter deitado várias vezes com a D. Marieta, que não economizou nas palavras e soltou o verbo.

O prefeito tinha de voltar para casa, evitando assim um escândalo na sua vida pública; e a mulher não ficaria difamada, já que até o momento tudo foi resolvido por baixo dos panos.

Ela não estava preocupada com escândalos, mas exigiu que o prefeito me soltasse; o Gildásio tinha sumido, não se sabe se de cidade ou de bairro. Naquele tempo ainda não se conseguia desaparecer dos olhos de alguém dentro de Recife. Para a D. Marieta era indiferente ela manter o seu *status* de primeira-dama ou não, pois fora tirada da zona e, pelo jeito, era como ela se sentia melhor: como meretriz.

O prefeito a tirou dos cabarés, assim que pôs os olhos nela. Recém-chegada de uma fazenda no interior de Pernambuco, com poucos dias na zona, o prefeito ainda solteiro e novo caiu nos encantos da bela mulher que arrancava suspiros da rapaziada do lugar. Inexperiente, casou-se com a D. Marieta, que mais tarde provou não ser digna do sobrenome que o prefeito lhe dera, pois se tornaram pessoas públicas; ele era rico e ela usava o dinheiro dele para dar aos amantes.

O Gildásio fora mais um dos muitos amantes que ela tinha conseguido até ali. E eu, pobre negro, carroceiro, lixeiro, servindo de bode expiatório para aqueles dois. Na verdade, não era a primeira vez que ele pegava outro dormindo na beira da sua cama. De certa forma, quando deitou com a empregada, estava tirando uma casquinha, e poderia ser de comum acordo, sem brigas. Cada dia seria a vez de um deles levar uma coisa diferente para casa. Fui preso por falta de vergonha na cara daquele casal.

A D. Marieta me aconselhou a sair daquela vida de carroceiro, prometendo-me arranjar coisa melhor. Apresentou-me a duas amigas, também casadas, que eu passei a visitá-las quando os maridos não estavam.

Para não sair de suas vidas, elas me bancavam em tudo. Desde então, passei a viver de forma esplendorosa. A minha fama foi correndo de boca em boca, e até a "Marieta" entrou para a coleção. Então fiquei conhecendo a sua história.

Sentindo-me um rei, uma pessoa importante com aquela vida fácil, eu me desliguei totalmente de serviços, não querendo mais saber de trabalhar; agora a minha ferramenta de trabalho era outra...

Tornei-me um gigolô inveterado, com mais de oito amantes espalhadas pela cidade, das quais obtinha dinheiro para minha vida boêmia. Fiz fama na cidade de Recife e, sustentado pelas amantes, passei a viver bem, comer bem e me vestir bem. Usando impecáveis ternos de linho branco de casimira, camisas de cambraia ou cetim adornadas por um lenço vermelho na algibeira, com gravata vermelha de seda e uma rosa vermelha na lapela; na cabeça, um chapéu do panamá; meias e sapatos brancos e, quando fazia muito frio, eu usava um cachecol vermelho em volta do pescoço.

Integrava-me com a vida noturna. Dormia de dia e de noite saía para farrear, quando me tornei o rei do carteado. Qualquer descuido e eu tomava todo o dinheiro dos parceiros, sempre na malícia e na esperteza.

Logo eu era respeitado em todos os cabarés que chegava, ganhando o apelido de "Zé Pilantra", mas, por não ter gostado, aperfeiçoaram para "Zé Pelintra". Foi um jeitinho brasileiro de me chamarem de pilantra, janota, malandro; assim não iriam mexer muito com os meus brios, uma vez que eu tinha o temperamento exaltado e sempre pronto para briga.

Às vezes me chamavam até de doutor Zé Pelintra, o que me deixava todo convencido, e mais tarde vim saber que eu era doutor na malandragem e não por ser médico ou coisa assim.

Ganhei a simpatia dos boêmios e a consideração das prostitutas da cidade, pois eu estava sempre de alto astral, em ritmo de festa.

À noite, quando os raios da lua formavam o seu véu cobrindo as ruas, colocava a minha violinha de lado e ia fazer serenata para alguma donzela a pedido de algum rapaz.

Naqueles tempos, passei a frequentar o cabaré de Jovelina, minha futura sócia, no bairro da Casa Amarela, onde tive o prazer de conhecer o coronel Laranjeira; após longa conversa a meu respeito, nós nos tornamos grandes amigos, pois ele teria sido do Exército da Coroa e havia servido junto do meu padrinho. Em diversas ocasiões eu o acompanhava até sua casa, pois ele precisava de auxílio por estar bastante bêbado. Passei a ser um protegido seu, devido a estes e outros favores que lhe prestei.

Na Rua da Guia, zona do baixo meretrício, fiquei bastante conhecido, tornei-me sócio no cabaré de Balbina e ganhei dinheiro feito água. Lá cafetinava com prazer, pelo que entrava nos meus bolsos. Até homem para homem, mulher para mulher; apesar de ser estranho na época, mas já existiam. Desde antes de Cristo, bem antes de Júlio César e Marco Antônio , já havia, de forma camuflada, e não se sabiam quais eram as formas de os homossexuais se entenderem, fossem homens ou mulheres. De certa forma, garantia o meu, fosse dar certo ou não; o importante era promover os encontros.

No serviço de cafetinagem, eu até criava argumentos para tornar a vítima receptível. Às vezes, quando a pessoa não estava interessada, criava um drama até com personagens para conseguir meu objetivo. Uma coisa era certa, eu não dava um bote que não fosse certeiro.

Também tive fama por ser viril. Uma noite, tomei nove cervejas e cinco conhaques e, em meio a uma farra, dei conta de seis mulheres numa noite só. Isso aumentou a minha fama por onde eu passei, e a coleção de amantes cresceu.

Com meu temperamento exaltado, procurava nunca levar desaforo para casa. Tudo era resolvido ali mesmo, na hora, fosse como fosse. As meninas do meu cabaré tinham muita proteção, eu as defendia como a um galo em seu terreiro, e as brigas de facas me eram bastante corriqueiras. Eu tinha pelo corpo mais de 25 cicatrizes, por conta das brigas que arranjava, e era respeitado por isso.

Eu poderia ter me situado como um dos grandes cafetões e possuidor de prostíbulos de Recife, pois o meu dinheiro aumentava, e a fama crescia, enquanto os outros donos de cabaré se preocupavam comigo tentando fechar as minhas portas por meio de macumbarias. É claro que eu tinha a minha proteção, mas fazia tempos que tomara um passe.

Eu tinha informações de uma casa muito famosa naquela região, e foi então que pelas mãos do Mestre Zinho fui introduzido no catimbó.

Frequentei e aprendi muitas coisas, segredos e mistérios do catimbó. Todos diziam que eu tinha o corpo fechado, mas o meu segredo estava em um anel de ouro, de pedra vermelha, que o Mestre Zinho preparou como um amuleto para eu ter sempre comigo.

Com o passar do tempo, eu até rezava em crianças quando estas sofriam de problemas de difícil explicação. Rezava em mulheres prenhes cujo parto estivesse complicado. Até me acostumei com o apelido de Sêo Doutor. Gostando de usar branco e sendo confundido com um médico, não via mal algum em aceitar com muito carinho aquele título honroso, que era pronunciado por pessoas simples sem nenhum tom de maldade. Virei um exímio catimbozeiro, feiticeiro, mas um bom rezador.

Eu era torcedor do Clube Náutico Capibaribe, que surgiu em 1905. Em um clube de torcedores que eu fundei, conheci um marinheiro inglês de nome Joseph Randolf, por quem passei a ter grande consideração e estima. Um torcedor do Sport Club Recife, também fundado em 13 de maio de 1905, entrou no nosso clube dizendo desaforos para os torcedores sobre o Náutico, time que admirei desde a primeira vez que o vi jogar. O marinheiro enfrentou-o e ia desferir um golpe de faca no pescoço do homem, quando intervi e o tirei de cima do estranho. Ele ficou muito agradecido por eu não tê-lo deixado assassinar aquele torcedor, e veio a presentear-me com a peixeira de seis polegadas e cabo de chifre. Mais tarde, três soldados vieram no clube e, como o Joseph fora embora, procurei conversar com os policiais.

Minha sorte tinha mudado a partir daquele momento, pois entre os policiais, para minha surpresa, estava o meu "grande amigo", o soldado Joaquim.

— Como este mundo é pequeno, José! — Disse Joaquim, aproveitando que estava acompanhado.

— Sim, Joaquim. É muito pequeno mesmo. Passou bem aquela noite que eu te amarrei no beco e te joguei no esgoto?

— A gente se encontra e eu te falo, José — responde Joaquim, fingindo calma.

— Estou à disposição, e se você quer falar agora, eu tenho tempo, Joaquim... Tenho todo o tempo do mundo!

Eu e Joaquim trocamos farpas sem nos desequilibrar. Com cavalheirismo, procurávamos ser educados, frente a tantas testemunhas, mas, igualmente, feridos e ameaçadores.

As pessoas ali presentes não perceberam do que se tratava, nem mesmo os outros dois soldados; só eu e o Joaquim.

Passei a ser perseguido pelo Joaquim, que veio a descobrir onde me encontrar facilmente. De vez em quando a gente se esbarrava em alguma taberna ou cabaré da Rua da Guia.

Um dia, eu vinha de uma serenata mal sucedida e encontrei o Joaquim acompanhado de outro soldado.

— Longe de casa, José? — perguntou-me Joaquim em tom ameaçador — Você não devia sair por aí, sozinho! Pode fazer mal à sua saúde!

— O mal, eu furo com o meu punhal de quatro polegadas, que recuperei em Caruaru... Tu te lembras dele, Joaquim? Mandei niquelar o cabo, para manusear melhor!

Quando me senti acuado pelos dois meganhas, coloquei a viola escorada num canto de parede, puxei do meu punhal e, na outra mão, segurei a peixeira que o meu amigo marinheiro me presenteou. Eu poderia vencê-los simplesmente com golpes de capoeira, mas quis tornar fácil para eles, batendo facas com os rapazes, enquanto eles tentavam me ganhar com as baionetas.

Derrubei o amigo do Joaquim numa cesura acima do umbigo e senti banhar a minha mão de sangue. Lambi a peixeira com gestos ameaçadores ao Joaquim, enquanto ele, com os olhos quase saltando fora da órbita, ficava cada vez mais assustado vendo o manuseio do punhal e da peixeira enquanto o seu colega revirava no chão dando os últimos suspiros.

— Coma capim pela raiz, desgraçado — fiz uma pausa e voltei a falar com o Joaquim. — Eu devia tê-lo matado quando pude, Joaquim! Pensei nos seus filhos e na esposa e me neguei a fazê-lo! Mas desta vez vou lamber o seu sangue imundo, jogar o corpo na terra fria e servir um banquete aos vermes. Vou te matar, para que não me persiga mais... Este garoto aí nem sabe por que pagou com a vida, entrando nessa pendenga.

Num descuido do Joaquim, desarmei-o, encostei o punhal na altura do seu coração e fui lentamente empurrando-o.

— Deus te deu a vida, e eu me encarrego de tirá-la, Joaquim...

— Pelo amor de Deus, José — Joaquim para estático, com os olhos arregalados — não me mate!

— Não! Não vou te matar! Eu poderia, pois são 4 horas, e não teria testemunha da sua morte. Só Deus e a Virgem Santa. Mas você é desaforado, Joaquim! Você tem filhos e esposa! Como seria o fim deles, sem a sua proteção. Poderiam ficar desprotegidos!

— Por favor, não me faça mal, José!

Estávamos tão próximos um do outro, que pude notar a traição que eu sofreria pelo Joaquim.

— Lembra quando eu disse que em um homem não se bate, deixando-o viver?

— Lembro... Lembro!

— Pois é – empurrei o punhal lentamente, enquanto o Joaquim, em silêncio, apenas arregala mais os olhos – eu estava certo!

Quando afastei aquele traidor do meu corpo, pude ver na sua mão uma peixeira, que ele havia tirado de algum lugar oculto na sua farda.

Olhei para os lados me certificando de que não estava sendo vigiado. Em seguida, fiz o sinal-da-cruz e saltei os corpos enquanto limpava a faca e o punhal nas suas fardas. Limpei as mãos também em suas fardas, peguei minha viola, joguei no ombro e saí rapidamente do local.

Apesar das investigações, nunca ninguém soube que eu estava por trás da morte daqueles macacos.

Eu era louco por uns trocados; aliás, quem não é? Fazia loucuras por uns tostões a mais nos meus bolsos, mas nunca gostei de ver o sofrimento de quem não podia comprar o que comer dentro de casa, de ver uma criança lastimar aos pais a falta de um pão. Preocupava-me a ponto de colocar qualquer objeto à venda, caso eu não tivesse dinheiro para ajudar a quem quer que fosse. Por isso era respeitado e considerado nas ruas pobres de Recife; era amado pelas crianças, considerado pelos pais e respeitado pelas mães. Quando eu passava por aquelas ruelas ou favelas, as pessoas comentavam:

— Lá vem o doutor Zé Pelintra. Ou, lá vai o doutor Zé!

Em sua maioria, não me faltavam convites para almoçar, tomar um café, comer um bolo, até mesmo ser padrinho de algumas crianças. Aquela gratidão por parte das pessoas fazia-me sentir uma pessoa importante, e eu amava aquela gente. Quantos convites me chegavam por parte daquelas pessoas, que se sentiam bem ao ter-me junto delas.

Anos se passaram, e eu agora me interessava em usar uma bengala feita sob medida, talhada com uns 20 centímetros em formato de cobra-rei, com os olhos vermelhos e, como sempre, preparada pelo Mestre Zinho. Foi um dos últimos presentes preparados pelo mestre, por quem eu tinha grande admiração.

Com o tempo, aprendi a rezar nas pessoas as quais atendiam aos meus pedidos, além de usar tais orações para fugir dos inimigos; nas rezas, eles passavam ao meu lado sem me notar. Às suas visões eu era um tronco, uma moita e até cachorro ou gato, e assim eu patranhava (enfeitiçava) os meus inimigos e polícias, livrando-me deles.

Mais tarde aprendi a usar a bengala com a mesma finalidade. Era fácil hipnotizar alguém, pois a curiosidade era imensa em reparar os detalhes do entalhe da serpente na minha bengala. Quando encontrava uma peleja difícil de vencer, eu apelava para o uso da bengala. Negociava entre os fazendeiros, fazendo-os acreditar que uma rês não valia tanto, comprando a mercadoria por um preço irrisório e favorecendo o meu cliente. Cafetinava as pessoas mais difíceis e conseguia facilmente o meu objetivo. Fui longe com as minhas loucuras, pois eu estava levando vantagens.

. Em 1915, quando estava com meus 29 anos, após uma transa com Edna, uma das minhas amantes, rapidamente me banhei, peguei a bengala e me esqueci do anel. Eu tirava o anel e guardava a bengala quando estava me roçando com mulheres, para não faltar com o respeito ou quebrar a empatia dos amuletos.

Entrei no salão e, depois de saborear uma cerveja, logo me encontrava no meio de uma briga. Não sei como nem por que começou. De repente, todos naquele salão estavam no meio da confusão. Muito sangue, muita gente machucada e só paramos quando a polícia chegou, descendo o cacete em todo mundo, e fomos parar no xilindró. Pela terceira vez, eu estava numa cela injustamente, nem sabia por quê.

Desceram a borracha em todos nós, e cheguei a desmaiar. Quando voltei a mim, sentia muita dor na perna direita, na altura do joelho. Um homem que estava preso na mesma cela que eu, e pelos mesmos motivos que nunca soubemos quais eram, informou-me que um policial batia em mim achando que eu fingia o desmaio; ele pisou com a sua botina em meu joelho. Não sei o que estava acontecendo, se quebrado ou não, mas doía muito.

Estávamos presos havia uma semana, e nunca vieram nos falar quem morreu, quem matou, nada, ninguém nos explicava nada.

Recebi a visita de uma das meninas que trabalhavam para mim e pedi-lhe que fosse solicitar ao Coronel Laranjeira que intercedesse por mim, junto ao delegado.

No dia seguinte, o Coronel estava na delegacia usando da sua diplomacia para me soltar.

Uma vez na rua, fui procurar um médico, que constatou desligamento na rótula do meu joelho e eu poderia vir a ter problemas com a perna, talvez o atrofiamento do joelho e a falta de um líquido na rótula. Enfaixaram minha perna e tive de ficar de molho por um bom tempo; no final, estava com a perna direita ligeiramente mais fina que a esquerda, enquanto o joelho eu conseguia dobrar, mas com dificuldade.

Foi-me entregue o anel, guardado com muito carinho pela Edna. Ela sabia que eu respeitava o amuleto e só me separava dele quando estava na cama com as mulheres.

Com a perna enfaixada eu desfrutava da maior mordomia, pois tinha minhas visitas e cada uma trazia bolos, doces, frutas, os mais variados pratos com as mais deliciosas comidas. Tinha uma vida de rei.

Capítulo 6

As Surpresas

No mesmo ano em que o Brasil declarou guerra à Alemanha, em 26 de outubro de 1917, sob a presidência de Venceslau Brás Pereira Gomes – que aliás foi um período de duras consequências política e econômica para o País, com o estouro da Primeira Guerra Mundial na Europa, que durou de 1914 a 1918 –, eu reinava absoluto nas Ruas da Guia, Rangel e Duque de Caxias, onde cafetinava as minhas meninas. Eu não queria outra vida que não fosse aquela. Não deitava com as minhas meninas, pois possuía amantes, e depois tinha muita cisma de fazer filhos com alguém que eu não amasse.

Aprendi com o Mestre Zinho a fazer um chá com urupê, orvalha e mais duas ervas, para me tornar infecundo; assim eu não correria o risco de ser pai.

Se precisasse ser pai algum dia, teria que dividir essa dádiva com a minha Creuza, que a essas alturas já deveria estar casada com outro. Eu havia prometido que voltaria e me casaria com ela. Alguma coisa me fazia lembrar bastante, e com saudade, da minha Creuza. Logo a saudade de mamãe bateu mais forte, e eu pensava tanto, com uma certa angústia, que nem quis ir para a minha noitada. Não dormi a noite pensando em minha mãe.

～⚬⚬⚬～

Era meu aniversário, e os meus 33 anos chegavam com certo sabor de velhice. Eu curti de tudo nesta vida e nunca me preocupei com o futuro. Estava na hora de pensar um pouco em mim, e enquanto não parava para decidir o meu futuro, continuava curtindo as noitadas de Pernambuco.

Uma noite, em que eu dançava tango com a Perolina pé de valsa – uma morena respeitada nos salões de Recife pela sua capacidade de conduzir e ser conduzida numa boa dança, tais como: tango, bolero, valsa e gafieira, e, diga-se de passagem, era a minha sócia no cabaré –, um senhor de aproximadamente 68 anos me encarava do canto do salão. Sentindo-me incomodado, fui falar com ele.

Aquele rosto cansado me era muito familiar. No canto do salão, segurando um copo de uísque, estava o meu amigo e conselheiro Antônio Formosino dos Santos.

Ao me aproximar da sua mesa, fui recebido com os olhos cheios d'água e um sorriso largo, que me foi muito convidativo.

Após longa conversa, eu o convidei para terminar de passar a noite num quarto onde eu residia. Era um quarto grande no quintal de uma pensão, mas recebia o meu café da manhã e almoço como pensionista. Eu pagava aluguel do quarto como inquilino, portanto podia levar qualquer pessoa, pois só alimentação e roupa lavada eram à parte. Pelo caminho íamos relembrando o passado. Ele sempre dizia que estava tudo bem com alguém de quem eu queria saber notícias. Chegamos na pensão e ainda demoramos a pegar no sono.

No dia seguinte, após um café reforçado, saímos pelas ruas de Recife, e eu era seu guia turístico; ele admirava tudo que via, pois tudo para o Sêo Formosino era novidade.

À tarde, depois do almoço, já cansados de tanto andar, embarcamos no bonde que não era novidade para o Sêo Formosino e voltamos para o meu quarto. Eu precisava tomar banho, pois logo era noite e tinha de ganhar "meus dinheiros".

Sêo Formosino olhou-me seriamente nos olhos e falou-me em tom melancólico, enquanto eu me vestia.

– José, eu preciso muito conversar com você!

– Pode falar, Sêo Formosino, algo o chateia?

– José... Eu queria te poupar das más notícias no dia do nosso encontro, mas eu preciso lhe falar...

– Ave Maria, Sêo Formosino, diga logo homem de Deus!

– Há três dias lhe procuro nesta cidade! Ontem, quando o encontrei, foi procurando um tal de Zé Pelintra. As características do José Porfírio Santiago eram as mesmas desse Zé Pelintra em quem você se transformou. Ao encontrá-lo, você estava tão contente que eu não quis estragar a sua alegria. Mas... Não posso deixar que pareça que está tudo bem. Dê-me um minuto da sua atenção!
 – Meu Deus! Fale logo, sô! Tá me deixando aperreado!
 – O seu padrinho faleceu há 15 dias. Ele, antes de morrer, disse à sua esposa e aos filhos que ia morrer sem ter notícias suas. Que o maior desejo dele era ver você de volta e feito as pazes com o seu pai. Hoje completam seis dias que a sua madrinha me mandou à sua procura. Eles tiveram informações de que você estava aqui em Recife, e que seria facilmente encontrado aqui, na Rua da Guia.
 – Como o meu padrinho morreu? – caindo em prantos eu pergunto a Sêo Formosino.
 – Foi triste, José. A gente ama as pessoas a ponto de endeusá-las, achando que elas nunca vão partir e nos deixar. O coronel Silva era muito amado por nós, e ele adorava todos que viviam naquela fazenda. Era um deus para todos nós. Esquecemos que ninguém nasce para semente e que todos vão morrer. Mas ele... Ele parecia ser imortal...
 – Imortal em nossas mentes e corações, Sêo Formosino... Imortal em nossa lembrança...
 – Ele vivia doente – Formosino começa a chorar enquanto falava –, reclamava muito de dores no peito, sobre o coração. Ele deveria sair da fazenda, no sábado, com destino ao Rio de Janeiro para se tratar, mas faleceu na quinta-feira. Um dia antes da sua morte, um bando de andorinhas fez revoada em volta da casa e depois... Começou uma neblina... Mais tarde, uma chuva forte sem trovões. As flores que ele fazia questão de cultivar em volta de sua casa, do nada, amanheceram murchas. No outro dia, ele falava pouca coisa e se via um arco-íris que se formou e, de longe, a gente o via como se ele começasse ou finalizasse sobre a casa. As pessoas se uniram numa prece na capela da fazenda. Pedia a Nossa Senhora Aparecida que salvasse o Sr. Silva, mas... Era a hora dele... Somente um milagre

o levantaria daquela cama. De repente, ele sentiu uma forte dor no peito e, com um disfarçado riso de canto de boca, foi lentamente virando a cabeça como se quisesse dar um último adeus e faleceu. Foi uma tristeza sem medida para todos nós. Perdíamos um pai... O nosso pai... No dia seguinte, na hora do sepultamento, a chuva cessou e um sol muito bonito apareceu no céu tornando o dia bonito, claro e sem nenhum calor. Teve muita gente... Vieram pessoas importantes de fora... Ele era muito famoso e querido por gente importante, até o governador pernambucano, o Dr. Manoel Antônio Pereira Borba, e pessoas do seu governo vieram, mesmo depois do sepulcro, para dar as condolências à família. No dia em que eu viajei, chegaram uns homens do Exército de Goiás e do Rio Grande do Sul para cumprimentar a família.

Permaneci em silêncio por alguns segundos ou minutos, não sei por quanto tempo, enquanto o Sêo Formosino me olhava. Respirei fundo esperando outras notícias.

– A Isaurinha completou 13 anos e apareceu grávida de seu primo Teobaldo. A gravidez foi mantida, escondida por D. Ana Carolina e pela mãe Tiana. E para o seu pai não descobrir, a mãe Tiana provocou um aborto...

– E o Teobaldo? O que aconteceu... Ele não quis assumir? – Eu perguntei impaciente.

– O Teobaldo... Só queria aproveitar da sua irmã... Ele fugiu... Não quis assumir... A Isaurinha também não queria saber dele.

– E o meu tio? – indaguei – O que ele fez?

– O Manoel, seu tio, quis conversar com seu pai... Mas D. Ana Carolina não deixou. Ficou com medo, pois iria repetir toda a história de Maria Aparecida... Quando a Isaura completou 15 anos, caiu na vida.

– Como? – indignado eu gritei – A Isaura? Não... O senhor está brincando comigo!

– Ela montou um prostíbulo em Garanhuns.

– E o meu pai ficou sem saber todo esse tempo o que se passava?

– Ela saiu de casa quando tinha 16 anos, e disse ao seu pai que ia trabalhar na cidade, em uma casa de família. Mas era mentira... Ela foi se prostituir... Tornou-se dona do bordel mais famoso de Garanhuns... Disse que ela tinha um nome de guerra o qual eu desconheço.

José... Ela foi morta por encomenda, dentro do próprio cabaré que orgulhosamente fez crescer. Um pistoleiro contratado por alguma esposa desgostosa disparou dois tiros na sua boca e fez questão de dizer que foi pago, e muito bem, para acabar com ela, pois ela estava destruindo lares. Hoje quem toma conta do cabaré da Isaura é a sua prima Francisca, que você deixou pequena quando veio embora.

Eu chorava sem conseguir me conter, enquanto o Sêo Formosino continuava falando.

– Com a sua saída, a sua mãe ficou muito triste, já não era mais aquela mulher brincalhona e alegre... Tornou-se uma pessoa melancólica, amarga e sem muita conversa... Sem brilho no olhar... Mas, antes de a Isaurinha ser morta, o seu irmão, o Manezim...

– O que aconteceu com o meu irmão? – interrompi o Sêo Formosino, querendo logo saber.

– O Manezim completou 19 anos e saiu de casa... Disse que ia te encontrar. Tivemos notícias de que ele foi para a Bahia.

– Eu dizia que, se algum dia saísse de casa, o meu destino seria a Bahia. Pensando nisso é que ele... Santo Deus! Por quê? – Calei por um instante e voltei a falar em seguida – Sêo Formosino, o meu pai teve culpa nessa atitude do Manezim?

– Não, José! Ele dizia que ia buscar você para sua mãe. Que ele o levaria de volta para casa... Passaram-se sete meses, após a partida dele, e a sua mãe, sentindo que ele também não voltaria, passou a sofrer ainda mais. Adoeceu de desgosto (hoje depressão), devido aos acontecimentos.

– Meu Deus! Será que o Senhor está castigando a minha família pelo meu erro? O que eles fizeram a não ser terem nascido negros, pobres e filhos de ex-escravos? – lastimei a sorte da família, mas sei que nada posso fazer – Por quê, minha Nossa Senhora Aparecida? Mesmo se não tivesse saído de casa, nada poderia fazer para ajudar a minha família.

— José... Pare de se culpar... Você não tem culpa de nada. Nem você, muito menos o seu pai. O Jorge vendeu o comércio dele e voltou para Garanhuns com a sua irmã, a Maria Aparecida. Eles têm três filhos, montaram um armazém pequeno em Garanhuns e vivem próximos aos parentes.

Estão presentes, quando precisam deles, e com isso seu pai nem sofre muito, pois eles estando por perto aliviam-lhe mais a solidão.

Eu olhei para o Sêo Formosino, que correspondeu levantando da sua cama e me abraçou num afago consolador. Eu precisava daquele abraço. De mão amiga a me tocar a cabeça, pois naquele momento me sentia uma criança, precisando do consolo do pai ou da mãe.

— Se eu tenho que saber algum dia, Sêo Formosino, que seja agora.

— Está bem, José... Sente-se aqui. — Sêo Formosino aponta a cama e me serve um copo d'água tirada de uma moringa colocada no canto do quarto — Então fique calmo, que eu lhe conto tudo que você precisa saber.

O seu irmão, o João, quando todos pensavam que era o mais ajuizado entre vocês, não teve muita sorte também. Amasiou com uma moça da cidade, que ele engravidou, e nasceu um lindo menino do qual eu fui o padrinho. Um ano juntos, e ele começou trair a Eva com mulheres de vida fácil. Ele começou a judiar da Eva e do filhinho, deixando faltar o que comer dentro de casa e logo também começou a se viciar em bebidas e jogos. Eva, não aguentando mais aquela vida, esperou-o dormir e o matou. Ela embarcou no trem sem dizer pra onde ia e sumiu. Acharam o João morto uma semana depois. Um cachorro farejou o cheiro pútrido dentro da casa; arrombaram a porta e lá estava o João, que não conseguiu pedir ajuda; com a garganta cortada e... enrolado nos lençóis. Julgam que ele deve ter tentado pedir socorro... Pois rastejara na direção da porta, ensanguentado.

Não sei quantos cigarros eu fumei ouvindo toda a narrativa do Sêo Formosino. De repente, já estava sem cigarros e comecei a fumar os do meu amigo. Ele só fumava cigarros de palha e eu não tinha o costume de fumar tais cigarros. Mas fumei. Eu estava tão apreensivo, tão nervoso, que não notava diferença na mudança repentina do gosto. Logo em seguida, abri uma garrafa de conhaque, que ofereci ao Sêo Formosino e o acompanhei, tomando um trago, e em seguida outro e mais outro, e assim foi noite adentro.

    Naquele dia, com certeza eu não trabalharia. Não estava me sentindo capacitado a assumir qualquer responsabilidade fora do meu quarto de pensão. Se bem que nem pensei se eu precisava fazer alguma coisa, pois estava muito nervoso com tudo aquilo que o Sêo Formosino havia me relatado. Começava a trovejar, formando uma tempestade que logo cairia.

    – Maria Quitéria aprontou e amasiou-se com um alfaiate. É um bom moço – prosseguiu Sêo Formosino com os relatos –; mais tarde, casou-se na capela da fazenda e hoje mora na cidade. Vivem bem, mas não têm filhos. Ela aprendeu a profissão do marido e trabalha com ele.

    A Tereza casou-se há dois anos, talvez tenha sido a única coisa que manteve dona Ana Carolina viva; era a única companhia que ela tinha... A Tereza. D. Ana Carolina dançou e se divertiu muito, dizendo que a última filha dela estava se casando.

    Comeu de tudo que serviram na festa e sorria muito. Ela não se alimentava bem e falou que não sabia quando ia comer bem daquele jeito. Era como se despedisse.

    – O que aconteceu com a minha mãe? Vamos, mais uma notícia ruim não vai me matar – gritei –, pode falar homem de Deus!

    – É, ela não resistiu à fraqueza, apesar de ter se alimentado bem na noite anterior.

    – Mamãe? – chorei copiosamente – Ela morreu? Eu não estava presente, eu não me despedi da mamãe! Deus, o que estou fazendo da vida? Eu senti, Sêo Formosino, eu senti.

    – José, ela morreu como um passarinho... Parecia que estava dormindo... Ainda viva ela dizia que Deus tirou quatro coisas preciosas da vida dela. Os quatro filhos... Mas você era o filho que ela mais queria bem.

    – E o meu pai, o que aconteceu com ele?

– O seu pai mergulhou na bebida, com remorso de tudo o que aconteceu. Com a morte da sua mãe, ele prometeu que não mais tocaria num copo de cachaça... Caiu de cama... Seu pai pesava mais ou menos 85 quilos... Os dias se passaram e... O seu pai... – Sêo Formosino engasga ao falar – O seu pai... Hoje pesa pouco mais que 20 quilos... A doença o está comendo dia após dia... Ele... está com aquela doença que não se pode falar o nome (antigamente era como se dava o nome ao câncer). É no estômago que a doença está atacando mais. Foi por causa da bebida que ele ficou doente, José!

– Meu pai... Apesar de tudo, não é justo que morra sofrendo assim.

– José... Ele chama muito pelo seu nome e o do Manezim. Ele sente mais a sua falta, pois diz que por causa da bebida o lar começou a desmoronar quando você partiu... Culpa sempre a bebida.

– Quem está cuidando do meu pai?

– Suas irmãs. Elas se revezam ficando uma semana cada uma com o seu pai.

Num instante eu parecia não estar agindo por mim. Levantei esmurrando uma mesa do quarto e saí batendo a porta. Chovia muito, mas mesmo assim saí. Eu gostava muito de andar com o tempo chuvoso. Era superstição me banhar na chuva, para lavar as urucubacas.

Sêo Formosino ficou pensativo no quarto. Perambulei por toda a noite, e só quando amanhecia eu cheguei em "casa". Sêo Formosino se mostrou preocupado comigo, dizendo que não dormira durante a noite.

Falei que voltaria para casa, que precisava arranjar dinheiro, mas eu ia embora no dia seguinte.

Procurei a Perolina, que demonstrou grande interesse em me ajudar. Não quis comprar a minha parte na sociedade, mas arranjaria dinheiro para eu viajar; assim que voltasse, continuaríamos a tocar o nosso negócio. Vendi quatro ternos, presentes das minhas amantes; visitei-as conseguindo mais alguns trocados. Com os bolsos cheios, fui até a estação ferroviária e me foi informado que o trem não passaria. Com a chuva, caiu uma barreira sobre os trilhos, danificando a passagem. Por mais que eu gostasse do que é bom e fácil, tinha sempre as minhas dificuldades.

Pensei muito no episódio que vivi, quando precisei viajar em uma situação difícil. Tive medo, mas deveria fazer aquela viagem. Demoraria semanas para eu viajar, e não aguentaria esperar.

Sêo Formosino ia esperar a normalização da rede ferroviária. Quis dar-me o dinheiro que a minha madrinha mandou, mas eu deixei com ele. Resolvi comprar uma mula arriada. No dia seguinte, coloquei os pertences que me seriam úteis na viagem num alforje, peguei a minha viola e parti. Viajei durante todo o dia e toda a noite, até encontrar uma casa e alguém receptível, onde tomei o café da manhã. Fiquei por ali um bom tempo, até que o meu animal descansasse, e logo resolvi seguir viagem. Lá pelo meio-dia, ou quase uma hora da tarde, cheguei a um vilarejo cuja comunidade não lembro o nome. Não tinha lugar onde se pudesse almoçar. Ao passar pela estrada que cortava o lugar, senti aquele cheiro gostoso de galinha à cabidela que avisava na rua que o almoço ali não demoraria a sair. E deveria ser o prato do dia, pois era um domingo.

Pensei:

"Vou pedir água e ficar por aqui; é já que eu filo a boia nesta casa."

– Ôh, de casa! – gritei na porta.

Foi então que um senhor veio me atender com ar de preocupado.

– O qué qui foi, sêo?

– O senhor me dá o que beber; tenho muita sede.

– É pra já.

O senhor me atendeu com poucas palavras, que até me desconcertou; eu ia pegar a água e sair fora. Quando ele me serviu a água, começou a dialogar comigo. Pensei:

"Sêo bobo, eu quero é o que você está cozinhando; se tiver bom de gosto, como está de cheiro, eu estou feito."

– Vem de longe? – indaga o senhor.

– Venho de Recife!

– É... Três dias de viagem.

– Eu fiz em um dia, uma noite e meio dia.

— Precisa descansar, moço. Pra onde vai?
— Garanhuns.
— Mas, por que não foi de trem, sô?
— Vamos ficar uns dias sem o trem, por causa de uma barreira que caiu na estrada.
— Apeia homem, descansa um pouco.
— Não, preciso seguir viagem! — Respondi.
— Não se aveche, homem. A patroa está fazendo um cai duro, vamos almoçar mais nós!
"Gente hospitaleira!" — pensei — É, eu acho que vou aceitar. Está um cheiro bom.

Logo, aquele bom senhor me convidou para entrar; apresentou-me à sua esposa que me foi uma pessoa muito educada. Eu estava tão cansado que, em poucos minutos de prosa e sentado em uma cadeira em volta da mesa na sala daquela humilde casa, comecei a roncar. O cansaço foi tão grande, que eu caí em um sono pesado, nem almocei.

Passei o resto do dia e a noite dormindo, acordei na madrugada com o cantar do galo. Eu estava em um colchão estendido no chão da sala e protegido do frio com um cobertor bem grosso. Apenas virei de lado e continuei dormindo.

Pela manhã, mais ou menos às 7 horas, o fogão já esquentava a água e a garapa de cana-de-açúcar para um delicioso café, que me foi servido com grandes pedaços de bolo. Fiquei muito sem graça com a gentileza daquele casal. Nem me conheciam e me deram até acolhida. Expliquei minha situação, o porquê de eu estar viajando às pressas.

— Eu sei, moço! — explica o anfitrião — A sua viagem, cometendo esta loucura de Recife a Garanhuns com este tempo chuvoso, tinha que ter uma explicação.

Mas e o senhor... O senhor dormiu bem?

— Deus lhe ajude, moço... Aliás, eu me chamo José! Se eu dormi bem? Eu desmaiei.

— Meu nome é Miliano, e ela se chama Flausina!

Continuamos tomando o café, somente eu e o Miliano, enquanto a esposa nem saía na porta para prosear. Naquele tempo, as mulheres eram muito submissas e, se ela estivesse no meio da nossa prosa, qualquer pessoa diria que "a mulher do Miliano está dando trela para o viajante".

– Como eu fui deitar naquele colchão?

– O senhor dormiu pesado aqui na mesa, não almoçou nem jantou... A gente teve pena de ti e forramos o colchão no canto da sala. O senhor não queria acordar, mas ficou sonolento e a gente te levou até lá.

– E a minha mula?

– Eu soltei no mangueiro do meu compadre, aqui perto.

– Sêo José, enquanto dormia, a minha mulher fez uma farofa de frango e colocou nesta lata, pro senhor levar!

– Não sei nem como agradecer, tamanha generosidade!

Já ia lá pelas 8 horas e eu já estava com o meu animal arriado, pronto para partir. Enfiei a mão no bolso e tirei sete contos para aquele casal tão hospitaleiro. Ele não queria aceitar, mas eu insisti e ele acabou recebendo.

Pus-me sobre a minha montaria, agradeci ao casal e segui viagem, pois precisava chegar a Garanhuns e encontrar papai, que, com certeza, me esperava.

Para desvanecer os meus pensamentos, afinei a viola, comecei a cantar e acompanhar aos acordes do meu instrumento e companheiro de viagem.

Oito dias de viagem, parando somente à noite e também deixando o meu animal descansar; eu seguia por estradas onde os companheiros eram somente Deus, a viola e a mula. Mesmo com o coração apertado, eu conseguia entoar uma cantiga aos acordes da viola.

Às vezes enfrentava chuva, outras vezes, o sol, o que me fez atrasar muito a viagem, chegando aos 14 dias de jornada.

Meu coração começou a palpitar, parecendo querer saltar pela boca, pois eu já avistava os picos de algumas montanhas próximas a Garanhuns, e ainda demoraria um dia e meio para eu chegar à fazenda da família Silva.

Eu passava por um caminho que não adentrava Caruaru nem chegava por Garanhuns, pois seriam mais dias de viagem. Não conhecia o meu Brasil, mas pelo menos de uma parte de Pernambuco, sem dúvida, eu teria muita história para contar.

Era quase noite, e não se via uma casa onde eu pudesse pedir o que comer ou até mesmo uma dormida.

Apeei, tirei os arreios da mula, coloquei o laço bem comprido em seu pescoço e a amarrei em uma árvore, sobrando espaço para que o animal pudesse pastar. Próximo dali havia uma pequena mina d'água, onde a mula podia beber sossegada; tratei de amarrar a minha rede em duas árvores, fiz uma fogueirinha perto, pois só assim dormiria em segurança.

Com o fogo aceso e a rede armada no alto, eu não correria tanto risco de ser comida de onças, jaguatiricas e até mesmo ser pego por algum bicho peçonhento, mas só não estaria livre de ser um banquete para mosquitos e pernilongos; no entanto, eu não seria tão atacado por causa da fumaça que os espantaria.

Era tarde da noite e eu não conseguia dormir, pois a barriga roncava de fome; naquele dia estava apenas com o café da manhã. Não havia passado por nenhuma comunidade onde eu pudesse conseguir o que comer. Como era região em que os índios dominavam, era possível que ninguém tivesse coragem de morar por aquelas bandas. Tive de me aliviar com a última garrafa de conhaque que era o meu preferido. Eu havia levado cinco litros da bebida, e agora só me restava um litro.

A noite estava linda e os seus raios brilhavam em um silêncio que só era quebrado com o estridular dos grilos, o coaxar dos sapos, o crocitar da coruja ou de pássaros noturnos. Seus raios iluminavam os vãos entre as folhagens e galhos das árvores, onde somente a violinha, a bengala e a mula eram minhas companheiras em mais uma jornada. A viola tocava em um tom quase que melancólico, parecia estar prevendo os acontecimentos futuros. Não conseguia dedilhar um acorde para uma serenata, mas eu tocava algo triste que não conseguia decifrar o que desta vez era um prenúncio de algo que parecia dizer: "de volta pra casa!".

Eram 11 horas da noite e eu pude ouvir, sem possibilidades de dúvida, um galo que cantava ao longe e parecia ser uma melodia triste. Era o anúncio de notícia ruim, mas parecia não ter nenhuma casa por perto. Deixei cair a minha viola de uma altura que não a danificasse. Estava preocupado, mas logo peguei no sono...

O sol aparecia e os seus primeiros raios vieram banhar-me o rosto. Pulei da rede ao chão, e logo estava pronto para partir. Eram quase 10 horas quando avistei fumaça saindo por uma chaminé, apressei a mula e logo estávamos em uma casa humilde, onde pedi o que comer.

Almocei como se despedisse do mundo; logo, um saboroso café me foi servido. Conversei um pouco com os donos da casa, que eram ex-escravos e, apesar de morarem próximos à fazenda dos Silva, eles não me conheciam. Despedi-me daquela família e continuei a minha viagem.

Flashes da minha vida davam sinais de recordações, fazendo lembrar-me da infância e adolescência, enquanto avistava ao longe as nossas casinhas, parecendo pequenos pontos perdidos num imenso quintal. Por ora, lembrei-me dos momentos felizes que passei ao lado da doce e querida Creuza.

"Como está o meu amor? Será que ainda pensa e espera por mim?" – pensei enquanto cavalgava.

A minha casa era a última naquela pequena rua que se formava ao longo da fazenda. Por estar chegando por uma estrada que dificilmente era usada, pois o trem de ferro facilitou bastante, então ela passaria a ser a primeira naquela pequena vila. A nossa casa continuava simples como eu a vi pela última vez, não sofrera nenhuma modificação, apenas as paredes tinham levado uma mão de tabatinga branca, e já fazia muito tempo, pois pareciam estar amarelando.

Uma mulher saiu na porta ao me ver chegar e começou a gritar o meu pai.
– Pai! Pai! O senhor precisa ver quem está aqui, pai! Que belezura de homem... É o José, meu Deus do céu!
– Quitéria, meu amor! Você continua linda como sempre!
– Como está você, meu irmão?
– Graças a Deus, bem, e o nosso pai?
– Está só esperando a hora que Deus chamar! – sussurra a Quitéria em meu ouvido.
Senti as pernas bambas, mas fui firme até o quarto ver o meu pai, que olhava com os olhos piedosos na direção da porta.
Pensei: "Como pode alguém acabar assim, deste jeito?".
Ele levantou os braços pedindo um abraço. Meu pai era tão novo. Deveria ter agora 64 anos, mas parecia já estar beirando 80, de tão acabado.
Agachei ao lado da cama e, vendo-o naquele estado, não contive as lágrimas que começavam a escorrer em meu rosto. Meu pai também chorava ao tentar erguer a cabeça para me abraçar. Entre lágrimas e soluços nos abraçamos, com dor, remorso e saudade, enquanto ele tentava acariciar-me a cabeça encostada no seu peito.
No canto do quarto, a minha irmã chorava ao ver meu pai tentando demonstrar a felicidade e a alegria em ter-me de volta ao lar.
– Me... Meu filho... Por que você desapareceu... Por tantos anos? – meu pai, o Sr. Santiago, fala com dificuldade – Não vá mais... Embora.
– Não fale, pai! Descanse... Pai... Perdoe-me, por favor!
– Não, filho! Não tenho o que lhe perdoar... Você é que precisa me perdoar... Minha família estrangolou todinha... Não tive pulso firme com as minhas filhas... Judiei da minha querida Ana... Você e o Manezim saíram pelo mundo... E agora? O que sou? Por causa desta maldita... Bebida... Perdoa-me, José.
Abracei o meu pai, beijando-o na testa, enquanto nós dois nos perdoávamos e ele me pediu água, que a Quitéria tratou de trazer o mais depressa possível. Meu pai toma a água, enquanto chora;

olhando-me fixamente nos olhos, triste, suspira profundamente e morre em meus braços.

Papai me esperava para tomar seu último gole d'água, das minhas mãos, e morrer em meus braços.

Logo, a Quitéria arranjou um cavalo e o meu primo Tiburtino foi à cidade avisar a Maria Aparecida e a Tereza. Quitéria falou-me que durante a noite ela dormiu assustada, pois na antevéspera e véspera da morte do nosso pai um cachorro que ele tinha uivou e chorou bastante, enquanto um galo cantou e caiu do poleiro durante três noites seguidas.

Chorei muito a ausência do meu pai. Esperava encontrá-lo vivo, mas que eu tivesse algum tempo de felicidade junto dele. A esperança causa dor... É como jogar sal num ferimento. A dor está no inconsciente, dói sem doer.

Minhas irmãs chegaram e juntos matamos a saudade, enquanto as notícias não foram, de todo, boas.

Meu tio Manoel fora picado por uma cascavel e não conseguiram salvá-lo; a Francisca está com 20 anos e é mulher da vida em Garanhuns, tornando-se dona do bordel mais famoso do lugar, e usa um nome diferente.

Teobaldo teria sido morto ao aproveitar de mais uma donzela daquela região.

Procurei a família Silva, mas infelizmente não encontrei a minha madrinha Esmeralda; devido aos acontecimentos, fiquei muito triste ao ver como estava desolada a casa-grande, onde não se conhecia a palavra tristeza. Era vontade do meu padrinho, o Sr. Silva, que me encontrassem e me trouxessem de volta para casa. Papai viveu os últimos meses a chamar pelo meu nome. Eu pensei como eram engraçadas as virtudes ou qualidades em uma pessoa, como as do Sr. Silva. Mesmo no leito de morte, preocupava-se com o que todos chamavam de "os seus negros". Beijei a mão da Sra. Silva num agradecimento, pois já que não vi mamãe em seu último adeus, pelo menos presenciei o meu pai nos seus derradeiros minutos de vida.

Conheci os meus sobrinhos, o que me deixou muito feliz, com aqueles rostos trazendo alguns traços familiares, porém de grande inocência; mal sabiam as surpresas que lhes aguardavam ao longo desta vida.

No dia seguinte, após o enterro do meu pai, fiquei sabendo que a minha Creuza havia se casado, achando que eu não mais voltaria, ou que a tivesse esquecido.

Não tive reação, nem podia crucificá-la, pois o errado fui eu, quando deveria ter pelo menos escrito uma carta, e não o fiz. Aproveitei todos os minutos da minha vida promíscua de várias maneiras, esquecendo-me até dos familiares. Queria fama e riqueza, nem dos meus amigos eu lembrei; como pude esquecer da mulher que eu mais amei depois da minha mãe?

Meu Deus! A vida nos prega cada peça, e cada uma delas tem uma surpresa que nos espreita em cada esquina por onde vamos passar.

Eu iria vê-la no dia seguinte, e não tinha o direito de cobrar nada da minha pequena Creuza. Restava saber como eu faria, pois, uma vez casada, o esposo cobraria ciúmes ao nos ver juntos. As minhas irmãs deram uma mãozinha. Marcaram um encontro entre nós, enquanto o esposo ia para o serviço.

Coincidentemente, o seu nome era José, José de Santana, tinha a alcunha de "Zé Pretinho" e trabalhava na lavoura, mas era estudioso e queria entrar para a polícia. Assim como o Zé Pretinho, seus parentes eram da Paraíba e ele queria voltar ao seu Estado e montar praça em alguma cidade paraibana. Eu estava louco para encontrar a Creuza e, finalmente, chegou o dia e a hora.

Era uma tarde bonita de setembro, e a primavera chegava anunciando a sua estação; cheguei ao local marcado por ela. Era um lugar aconchegante no meio da mata, e eu não demorei esperando muito tempo, pois logo ela apareceu em uma estradinha.

Estremeci, fiquei meio zonzo, os pés não saíam do lugar, as minhas mãos tremiam e a voz ficou embargada, não acreditando que, depois de tantos anos sem me comunicar, ela aceitasse me ver novamente.

Creuza estava linda à minha frente; rodeada de várias qualidades de flores silvestres e tonalidades de cores diferentes, ficamos sem conseguir nos falar.

De repente nos abraçamos, sem dizermos uma só palavra. Falar seria inútil, pois nossos beijos e corpos falavam por nós; qualquer palavra que disséssemos poderia estragar momentos tão deliciosos, de carícias e afeto; então, nem percebemos que já estávamos despidos a nos amar.

Nós nos amamos como se fosse a primeira vez, e no calor de nossos corpos que ardiam, doentes de saudade e sedentos de amor, também não percebemos que a tarde chegava de mansinho, lembrando-nos e acordando-nos do nosso ninho de amor.

Sem conseguir dizer uma palavra sequer, nós nos beijamos longamente ao despedirmos e, relutando, saímos um para cada lado.

Eu queria voltar e agarrá-la, impedindo que voltasse para os braços do marido, pois era a mim que ela amava; mas não era bem assim, queria voltar no tempo e continuar com a minha Creuza, mas isso era impossível. Eu até pensei em voltar e chamá-la para fugirmos juntos, pois a amava, mas adorava também a minha liberdade; sem dúvida eu não era homem para casamento ou até mesmo estar amarrado a alguém. Eu estava desnorteado e segui o meu caminho de volta para a fazenda, enquanto ela não demoraria a chegar em casa, pois estávamos nas proximidades da cidade, ocultos pelas árvores.

Continuávamos a nos encontrar às escondidas, e estava bom convivermos assim, mas o marido chegou a desconfiar, pois a Creuza não se sentia mais mulher para o meu "sócio", o que o levou, com o passar do tempo, a programar uma serenata para ela, e ninguém mais era tão seresteiro quanto eu em Garanhuns. Fui contratado para aquela serenata, e foi com gosto que eu dedilhei a viola e cantei por mim. Foi a melhor seresta que eu, o "famoso serenatista de Recife", havia feito, pois aquela eu cantava com o coração, e para alguém a quem amava de verdade.

Certo dia, o então governador eleito de Pernambuco, dr. José Rufino Bezerra Cavalcanti, que presidiu de 24/12/1919 a 28/10/1920, estava acometido de grave doença e afastou-se do cargo e veio visitar Garanhuns, que crescia com a agropecuária e o comércio. Ele receberia do povo daquele lugar um churrasco de boas-vindas com uma festa, bastante dança do frevo e outras cantigas, acompanhadas pelos sanfoneiros da região, e eu tinha marcado um encontro com a Creuza.

Para a nossa sorte, o Zé Pretinho não me viu adentrar a mata para me encontrar com a Creuza. Ele participava da festa com um grupo de amigos, quando um deles viu a esposa do amigo entrando pelo caminho que levava onde eu estava. José de Santana, vulgo Zé Pretinho, sai correndo naquela direção e foi notado por mim, que procurei me esconder.

Enquanto a Creuza me procurava, fiquei deitado atrás de um tronco que estava caído bem próximo do nosso local de encontro. José chegou gritando pelo nome da Creuza e, sem perceber, passa pelo tronco onde eu poderia ser visto facilmente, se ele não estivesse tão preocupado com o chifre.

Quando a Creuza notou a presença do marido, ela se agachou próximo a um pé de cansanção (urtiga), fingindo estar fazendo algum tipo de trabalho.

– Creuza, o que você está fazendo? – Pergunta o Zé Pretinho curioso.

– Meu amor, você aqui? – Creuza espanta-se com a presença do marido – Eu estou fazendo um feitiço.

– Feitiço? Pra quem é esse feitiço?

– Pra nossa vizinha, que anda te olhando com um jeito muito estranho.

– Que jeito estranho, Creuza? E qual vizinha?

– Ah! Agora finge que não vê isso? É porque você está gostando – Creuza tenta enganar o Zé Pretinho – e sem dúvida você deve estar contribuindo.

– Eu nem sei de quem você está falando, meu amor!

– Só isso que você sabe falar. Não consegue nem se defender, nojento, asqueroso!

Creuza sai do local discutindo com o esposo, fazendo com que ele olhasse sempre na sua direção. Saem do mato discutindo e vão embora, deixando-me suspirando aliviado. Eu era costumado a viver escorraçado, ou me escondendo dentro de guarda-roupas, sob as camas e em lugares inusitados, como um dia, em que fiquei debaixo da saia de uma das minhas amantes enquanto ela fingia sentir dores nas costas, andando devagar e de pernas abertas; então, não foi de tudo tão estranho esconder-me atrás de um tronco. O chato foi chegar em casa e ser gozado pela Quitéria, pois não imaginava por que tantos risos, até que a própria me avisou que o meu paletó estava sujo de fezes; ocorreu que, quando deitei para me ocultar, rolei pra cima de um "monte" que na hora nem notei.

O amante tem a vantagem de deitar com a mulher do próximo quando este não está perto, e ainda ser sustentado por ela; mas há também desvantagens, como estar sempre correndo riscos e passando por certas situações.

Passaram-se os dias e, não superando a desconfiança, Zé Pretinho resolveu mudar de cidade, indo embora para a Paraíba. Mais uma vez o destino me pregava uma peça, pois separava dois corações apaixonados; mas, num último encontro, ela prometeu escrever-me dando notícias suas.

Zé Pretinho e Creuza partiram para a Paraíba, e eu fiquei em Garanhuns em companhia da minha viola, dos bêbados e dos cancioneiros das noitadas. Ele seguia viagem atrás de melhora entre o casal e em busca do seu sonho, pois estavam recrutando novos praças na capital da Paraíba, e José de Santana queria realizar esse sonho mais que tudo nesta vida.

Ele foi escolhido e passou por um treinamento especializado pela polícia; depois veio a assentar praça no Estado, em uma cidade de nome Alhandra, no interior da Paraíba; foi quando eu passei a ter notícias da Creuza.

Apesar dos muitos conselhos das minhas irmãs, Maria Aparecida, Quitéria e Tereza, eu estava decidido a partir para Alhandra.

Procurei a delegacia e observei os soldados que saíam dela. Logo vi o José de Santana, então eu o acompanhei para saber onde ele morava.

Era domingo, dia 15 de fevereiro de 1920, coincidentemente a data do meu nascimento, número e dia em que eu nasci. Eu estava completando 34 anos e o presente seria um reencontro com a minha Creuza, o que não foi possível, pois o José de Santana não fora trabalhar naquele dia, preferindo ficar em casa.

Fiquei espreitando na madrugada de segunda-feira, até que o moço saísse de casa, e vi a esposa acompanhando-o até a porta. Não resisti esperar para chegar mais tarde; ainda eram 7 horas da manhã, e eu fui bater naquela porta antes que a Creuza voltasse a dormir.

Havia três meses que não nos víamos, e o nosso reencontro foi em sua casa, movidos pela emoção.

Depois de ficar uma semana me encontrando às escondidas com a Creuza, retornei a Garanhuns. Lá chegando me encontrei com a minha prima Francisca, que veio me falando de coisas do coração.

– José, como você está bonito! – Francisca, surpresa, me elogia – Quanto tempo eu te esperei!

– Como assim, me esperou?

– Eu sempre te amei, José!

– Amou-me? – perguntei.

– Sim, José! – Francisca finge estar emocionada ao falar – Desde pequena, eu sempre te amei.

– Deve estar havendo algum engano, pois quando eu viajei você tinha pouco mais de 2 anos. Como pode?

– Bem... Eu... É que. Sabe José, eu já gostava muito de você.

– É muito bom saber que eu bagunço os corações por aí. – Não pude conter o riso, debochando da Francisca.

Que conversa estranha da minha prima. Eu dei um abraço na Francisca e saí pensando.

"Até mesmo uma mulher de rua tem sentimentos... Mas o amor de Francisca por mim era sem lógica... Ela era tão pequenina quando eu saí de casa... Não estou entendendo nada. Talvez ela queira sair da vida de meretriz, e eu pareço um bom passaporte."

Visitei as minhas irmãs e em seguida fui para a fazenda Silva, até a casa do meu tio Manoel. Depois rumei para a casa onde nasci. Quantas recordações, quanta lembrança de um passado tão distante que jamais voltaria. Quantas vezes saímos correndo do meu pai e íamos nos esconder na barra da calça do tio Manoel. Lembrei-me das noitadas em que, nos nossos toques para os Orixás, o meu padrinho queria sempre estar presente para receber o seu benzimento. Minha mãe preparava farinha de milho, bolo de fubá e o jimbelê gostoso, que só ela sabia fazer. Recordei das fornadas de farinha de mandioca, acompanhada com bijus salgados, e das danças de jeguedê. Lembrar do passado é chorar e sofrer duas vezes.

"Meu Deus!" – pensei. "Como fui feliz aqui. Apesar de tudo, eu era feliz e não sabia... Por que devemos crescer e tudo mudar... Se eu não tivesse ido, as coisas seriam diferentes?"

Meu maior remorso foi não ter visto mamãe nos seus últimos momentos... "Será que ela chamou por mim? Será que chorou por mim na hora da sua morte?"

Eu chorava como um bebê que não fala, mas apenas expressa a sua dor nas lágrimas. Eu estava no mundo, vivendo os prazeres da vida, quando o que eu mais amava estava aqui... E ela foi embora sem se despedir de mim... "Me perdoa, mamãe... Me perdoa."

Já era noite, quando dei por mim. A lua bonita e singela no infinito parecia sorrir para mim, enquanto eu chorava recordando um passado que me enchia de alegria, mas me fazia sofrer; nem notei que um vaga-lume havia pousado no meu ombro. Senti que aquele bichinho viera me trazer uma mensagem de bênção e consolo enviada por minha mãe.

Não havia outros vaga-lumes por ali, pois a noite estava clara, com uma lua nova a brilhar no céu, mas aquele bichinho procurou o meu ombro para pousar, trazendo-me uma sensação de calma.

Logo ele voou, não sem antes circular a minha cabeça, e saiu sumindo ao longe. Enquanto eu olhava o seu desaparecimento, os meus olhos iam ficando marejados de água, frente a tanta felicidade.

Mais tarde eu estava deitado sozinho na casa imensa. Não me sentia bem em ficar naquela casa, mas fiquei e logo adormeci. Sonhei que mamãe vinha me ver e trazia lembranças do meu pai. Parecia estar feliz e sorridente. Um brilho no olhar me trazia a lembrança de quando a vi pela última vez. Parecia não ter mudado com o sofrimento que passou na Terra em companhia do meu pai. Dizia-me que ele descansava e que, se Deus permitisse, logo ele iria estar comigo.

Acordei no meio da noite e não voltei a dormir, preocupado com o meu sonho. Ao amanhecer, resolvi ir para a Paraíba me encontrar com a Creuza e pôr um ponto final em nosso romance. Aquilo não daria certo e eu a queria junto de mim. A vida que escolhemos de amantes não estava nos nossos planos. Mas, ao mesmo tempo, eu corria de casamento como o capeta foge da cruz; eu pensava muito em ter de viver preso a uma mulher só.

Passaram-se os dias e eu rumei para Alhandra; era uma cidade pequena e eu, amante da esposa de um policial, o nosso romance não ficaria escondido por muito tempo.

Marcamos um encontro para o dia seguinte.

Naquela noite não consegui dormir, pois sonhava com um gato sorrindo para mim; outras vezes, cães me atacavam à traição; a cobra entalhada na bengala criava vida e me falava algo sem sentido e o meu anel quebrava. Ao acordar pela manhã, fiquei pensativo. Estava com uma dor no peito, muita vontade de chorar e com falta de ar passageira.

Era terça-feira, dia 9 de março de 1920; o tempo se formava para chuva e, mesmo assim, com muita ventania e o tempo ruim, eu me preparei e fui ao encontro da Creuza. No caminho, observei que tinha esquecido o meu anel, mas prossegui na jornada. Afinal, não podia deixá-la esperando.

Caso ela não quisesse fugir comigo, eu estava para combinar os nossos encontros uma vez por mês, pois viver em Alhandra era impossível, porque era uma cidade pequena e poderíamos ser facilmente descobertos.

Numa esquina, próximo ao local do encontro, uma figura se mostrava de costas de lenço amarrado à cabeça e usando uma saia bastante conhecida por mim. Era a Creuza, não tinha dúvida.

Aproximei-me daquela mulher e, abraçando-a pelas costas, eu disse:

– Creuza, meu amor! Demorei?

Aquela figura virou-se e espantou-se ao me ver, e foi enfiando uma faca na minha barriga, três dedos acima do umbigo, enquanto foi falando:

— Não, miserável... Você veio rápido, para morrer! — José de Santana se assusta ao ver de quem se tratava — Zé... Você?

Vendo que se tratava de uma armadilha e que eu estava levando a pior, levei a mão sobre a cesura e, sacando do meu punhal, cravei-o também no ventre do maldito de baixo para cima. Aproveitei e, segurando a sua mão direita, manuseei o punhal; de cima para baixo, eu o esfaqueei com o endereço certo: o seu coração.

— Miserável... Você tinha de ficar no meio da gente — esbravejei, enquanto o Zé foi caindo sem vida. — Você até que fica bem de saia.

Quando o "sócio" caiu sem vida, aos meus pés, lambi o sangue do punhal com o qual o espetei e o levei à morte.

Segundos depois, fui caindo de joelhos, com o corpo cruzando sobre José de Santana, no momento em que ouvia a Creuza gritando pelo meu nome bem distante...

2ª Parte

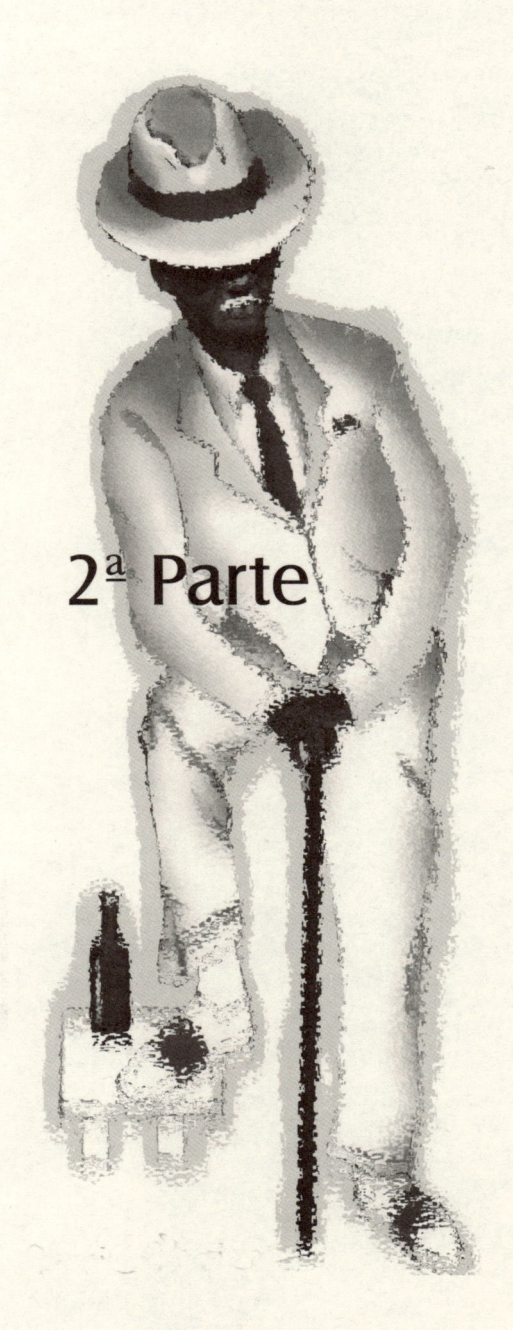

Capítulo Único

No Mundo Espiritual

Levantamos e insistimos em ficar brigando por causa do amor da mesma mulher. Felizmente, eu estava empunhando um punhal e agora uma faca; levava vantagem sobre o José de Santana Anjos, armado somente com uma faca e tentava se defender. Movido por ódio e muito nervosismo, eu o furava e era ofendido com facadas em várias partes do corpo.

Por fim, cansados e com os corpos todo furados, caímos um para cada lado. Só então eu pude observar a Creuza segurando a minha cabeça em seu colo, desesperada e chorosa, deixando-me preocupado.

– Meu Deus... Como posso estar deitado no colo da Creuza, se estou aqui? – Indaguei a mim mesmo, enquanto fui ficando confuso – O que está acontecendo?

Levantei confuso e me aproximei da Creuza, enquanto o José de Santana me seguiu apenas com o olhar, também sem nada entender.

– Eu morri? – perguntei espantado com o desfecho daquela briga – Como é possível dois corpos idênticos? Eu não tenho irmão gêmeo!

Aproximei-me da Creuza e quis tocá-la, mas a minha mão passou pelo seu rosto como se eu tentasse pegar na fumaça.

Tentei mais alguns gestos e comecei a cair em desespero, avançando contra o José de Santana e gritando:

– Desgraçado... O que você fez comigo? Você me matou! Veja bem o que você fez!

Pulei em cima dele, e só então ele pôde notar que também perdera a vida. Ignorando a lei da física, pois entre nós tudo era diferente, continuamos nos enfrentando e, mesmo em estado espiritual, continuávamos sentindo as facadas por nós desferidas.

Novamente caímos cansados e, se estivéssemos em nossos corpos carnais, estaríamos iguais a peneiras.

Era noite; muitos curiosos já tinham visto os nossos corpos e alguns contavam cada história sobre nós dois, de arrepiar os cabelos, mas ninguém sabia o verdadeiro motivo.

Quando a Creuza caiu em si, começou a dizer que eu era seu irmão e não me entrosava com o seu marido; afinal, ela sabia que, se falasse a verdade, as pessoas iriam apedrejá-la e os parentes do Santana poderiam, quem sabe, até matá-la, pois naquela época a mulher pega corneando o marido, além de ser apedrejada, era expulsa da cidade; e teria que sair com a roupa do corpo.

A polícia mandou que alguns homens enrolassem nossos corpos em lençóis e que fôssemos removidos até a casa da Creuza. Seguimos as pessoas até lá.

Colocaram os dois corpos na sala, em cima de bancos, enquanto a Creuza colocou uma cadeira na cabeceira por entre os dois corpos e fingia sentimento pelo Anjos, mas chorava, na verdade, por mim.

José de Santana não se aguentava de ciúmes, aumentando a sua ira por saber, naquele momento, que o amor da Creuza pertencia somente a mim. Novamente começamos a nos enfrentar em desmedida luta de armas com sede de vingança.

Nossos corpos foram sepultados e, não sei por quê, os nossos espíritos estavam ligados a um lugar chamado "Bosque Sagrado da Jurema", em Alhandra/PB.

Nós dois estávamos sempre nos enfrentando. Brigávamos até cansarmos, mas não tinha vencido ou vencedor. Foi assim por alguns dias. Perdêramos a noção do tempo, pois estávamos preocupados com quem venceria.

Um dia, em meio a mais uma luta feroz, ouvimos uma voz a me chamar e logo em seguida o José dos Anjos.

– José! Zé Pelintra! Podem parar um pouco?... Zé Pretinho!

– Quem nos chama? – Perguntei.

– Sou eu, o Mestre Junqueira, ou Mestre da Jurema, como queiram!

– Mas quem diabos é o Mestre da Jurema? – pergunta Zé Pretinho.

– Sou o dirigente de um terreiro de catimbó em Pernambuco, e neste bosque eu também mando.

– Mas o que eu tenho a ver com isso? – Irrita-se Zé Pretinho.

– Ocorre que os seus corpos tombaram próximo deste bosque. E como manda o figurino, vocês pertencem a mim.

– Eu não pertenço a ninguém! – gritei irritado – E não pedi que enterrassem o meu corpo próximo daqui. Poderiam ter deixado em qualquer lugar, pois serviria de alimento aos urubus.

– Daí que vocês dois serão meus escravos.

– Mas a escravidão já acabou. Você não sabia disso? – Avisa o Zé Pretinho.

– Ora! Não me avisaram... Então fiquem se matando aí e nunca sairão desta dimensão.

– O que é dimensão? – pergunta Zé Pretinho.

– É um estado em que o espírito desencarnado, encontrando-se a caminho do plano, se prende entre os dois mundos, vivendo mais na Terra do que no mundo espiritual.

Aquela voz calou de repente e, olhando para o Zé Pretinho, começamos a nos engalfinhar feitos cão e gato.

Não parávamos de brigar e, por isso, tivemos a visita do Mestre da Jurema em várias ocasiões como que quisesse pôr fim à nossa briga.

Era um pouco da nossa atenção que ele queria, e um dia nós o escutamos. O Mestre da Jurema explicou as coisas que precisávamos saber. De como iríamos acompanhá-lo nas inúmeras missões do catimbó.

Zé Pretinho não o quis acompanhar, e eu estava ali, tentando ganhar uma briga que não tinha perdedor; então resolvi acompanhar o Mestre da Jurema ou Junqueira, ou sei lá o quê.

Em uma conversa, até descobri por que nunca fui pai; eu estava planejando, pensando em um futuro com uma família, todavia senti paúra só em pensar que teria de me amarrar a alguém para construir uma família. Eu devia descobrir só depois de morto que era infecundo? Se soubesse disso, eu teria aproveitado mais durante a minha estada na Terra...

Por causa dos dois crimes que cometi, eu iria pagar ainda com muito sofrimento. Quanto ao do Zé Pretinho, tínhamos que nos perdoar, mas com a recusa dele, a coisa ficaria difícil.

Fiquei como egum no terreiro Lese Egum, com o nome de Babá Odé Ilá Ilú. No catimbó puro, não existem Exus e Crianças (erês), e por lá, mais uma vez, eu reinava absoluto.

O Mestre tentou usar-me por várias vezes para convencer o Zé Pretinho, mas em vão. Por outro lado, sempre que o Mestre queria me castigar por desobediência, arranjava um pretexto para me colocar frente a frente com o meu maior rival.

Um dia, para surpresa do meu mestre, eu estava decidido a não mais brigar, e sim pedir perdão ao Zé Pretinho. Aprendi no catimbó que, com isso, consegue-se muita coisa. Foi o que eu fiz. No catimbó, na hora da precisão, faz-se muito mal, mas é claro que também se pratica o bem, como toda nação espírita. Em defesa de várias pessoas, trabalhei para o mal. Então estava indiretamente fazendo a caridade.

Assim o fiz. Junto de Zé Pretinho, mostrei o meu arrependimento e lhe pedi perdão por ter ficado com a Creuza e lhe tirado o bem mais precioso, a vida.

Inicialmente o meu perdão para ele soou com um certo tom de falsidade, porque ele achou que eu estava tramando alguma coisa, mas consegui provar o meu arrependimento.

Zé Pretinho, meio ressabiado, perdoou-me, mas permanecia sempre desconfiado e demorou a aceitar o convite para vir comigo para a casa de Lese Egum.

Quando Zé Pretinho aceitou vir, eu já estava no terreiro de catimbó havia três anos. Trabalhamos juntos por mais seis anos, fui ganhando ascensão. Um dia, em que eu me sentia entre a cruz e a espada, quando me passava pela cabeça o pensamento de continuar sendo egum naquele terreiro ou ir conhecer outras casas com diferentes mistérios e fundamentos – pois eu estava gostando de poder fazer pelas pessoas coisas de difícil solução –, eis que recebo a ilustre visita do meu irmão e dos meus pais.

– João! Que saudade, meu irmão! – a minha alegria ao vê-lo foi tão grande, que eu não percebi os meus pais ali presentes – Quanto tempo, meu irmão.

– José, meu estimado irmão! – João me abraça – Veja quem eu trouxe.

Quando corri para abraçar os meus pais, João segurou-me, evitando o meu contato com eles.

– Não, José!

– São meus pais, e eu estou com saudade; preciso abraçá-los.

– Eles também gostariam de abraçá-lo, José. Eles não podem ser tocados por você, nem eles conseguem pois estão materializados apenas em uma imagem à sua visão.

– Como assim, na minha visão? – indaguei curioso.

– Eles estão em forma ilusória. Eles não podem vir a este plano; por isso só conseguem deixar que sejam vistos por mim, você e qualquer outro espírito neste plano.

– Não me deixe ficar em parafuso, João.

– Eles são voluntários em uma colônia de tratamento, em que a cura para a alma não pode ter pensamentos mesquinhos, como os daqueles que vêm aqui em busca de certos caprichos. Isso os torna fracos e essa fraqueza pode não fazer bem aos espíritos que eles auxiliam. Por outro lado, você não está preparado para este contato.

– Gostaria tanto de abraçá-los! – desabafei num tom melancólico.

– Você vai abraçá-los, José. Na hora certa. – João me convida para iniciar o conhecimento de novos terreiros – Estou aqui para levá-lo para uma roça de Candomblé. Topas?

– Claro que topo, quando nascemos na carne, foi no meio de candomblezeiros, e sempre tive a curiosidade de ver os Orixás.

Recebi alguns conselhos e orientações, ao mesmo tempo que agradeci ao Mestre da Jurema, que desejou o meu sucesso pela vida espiritual, que era muito rica em doutrina.

Fui para uma roça de Candomblé de nome Axé Ilé Oiá e Lufã, onde permaneci por cinco anos e não fiquei mais por ainda ser conhecido como um egum. Nessa casa o meu irmão trabalhava como João Boiadeiro e era considerado como catiço. Ele disse um dia que eu teria uma surpresa na festa dos Lebaras, que acontecia no mês de agosto.

Qual não foi a minha surpresa, no dia 13 de agosto daquele ano, quando outra roça veio nos visitar, uma mulher aparentando os seus 28 anos sentiu irradiação e veio a incorporar com a Isaura, que usava o nome de Dama da Noite.

João, ao meu lado, segurava-me, vendo a minha emoção frente a Isaurinha, que estava muito feliz em me ver, procurando dar as suas gargalhadas como era em vida e dançando como plumas ao vento.

As pessoas ali presentes, exceto os videntes, não viam os calorosos abraços que trocávamos, matando a saudade. E, ao final da festa, fiquei sabendo da evolução espiritual de minha irmã, que trabalhava com vários médiuns usando nomes e trejeitos diferentes: Pombagira Isaura, Dama da Noite, Dama das Rosas, Rainha das Sete Encruzilhadas, além de outros, e me disse que ganharia várias ascensões e logo viria a trabalhar como Baiana Isaura em um terreiro de Umbanda.

O tempo passou e ganhei mais alguns conhecimentos. Um dia, quando eu retornava de uma missão muito proveitosa junto do meu irmão, recebi a visita dos meus pais. Pude então abraçá-los e dirigir-lhes algumas palavras que não tive tempo de dizer quando estávamos na carne.

Meus pais me abraçaram, felizes, ao mesmo tempo que vieram me buscar para eu passar um tempo no Kardecismo.

Aceitei e rumei para a Casa de Caridade Meu Bom Pastor, onde conheci médicos, padres, arquitetos, pintores e uma variedade de espíritos que tinham como missão orientar os desencarnados que precisavam de algum tipo de ajuda. A minha grande alegria foi saber que João e Isaura estavam sempre nos visitando e levando algum espírito que precisava ser auxiliado ou ajudar nos trabalhos de mesa branca.

Aproveitei a facilidade que os meus irmãos do Kardecismo encontravam para localização de um ente querido, e pedi para me ajudarem a localizar a minha adorável Creuza. Por lá, um dos mentores me convidou para uma reunião e trouxe ao meu conhecimento a situação lastimável de penúria em que se encontrava a Creuza.

Foi-me negado o direito de ajudar no seu resgate pelos socorristas, mas eles iriam providenciar para que isso fosse possível. E talvez eu não mais a visse, pois a Creuza, pela segunda vez, foi motivo de deslize na minha vida carnal.

Ainda nessa Casa, a minha primeira missão foi ajudar no resgate do meu irmão, o Manezinho.

Quando o Manezinho foi para a Bahia, ficou trabalhando próximo de um lugar pouco conhecido, mas que tinha o nome de morro da Amburana. Era um serviço de lavoura e morava em um alojamento. Era muito amigo e apaziguador das brigas que várias vezes ocorriam no alojamento, onde havia várias pessoas com pensamentos diferentes. Em lugares assim, sabemos que todos são de temperamentos diversificados e querem que respeitem o seu território.

Não devemos nos intrometer em brigas alheias, sabendo ou não o motivo, ou até de quem é a razão, nunca devemos nos envolver. Este foi o erro do Manezim. Mesmo querido por todos, pagou com a vida por ser pregador da paz.

Dois homens entraram em discussão porque um havia deixado o cobertor sobre a cama do outro, que, achando ser uma afronta, quis tirar satisfações. Era o Benedito que quis brigar com o Geraldo. Este era de pouca conversa e isso incomodava o Benedito, bem como a muita gente.

Sendo o Geraldo de pouca conversa, o Benedito achou que estava amedrontando o mesmo. Benedito o empurrou e este, ao esbarrar na cabeceira da própria cama, aproveitou a oportunidade para retirar uma faca que guardava debaixo do travesseiro. Avançou contra o Benedito, com a faca em punho direcionada à sua barriga. Manezim, querendo aquietar o ânimo de ambos, entrou na frente da faca, supondo que o Geraldo não o furasse, mas o homem estava furioso e, na sua ira, não teve tempo de amortecer o braço.

– Está vendo o que você fez? – avisa o Benedito – Você furou o Manezim!

– Ninguém o mandou entrar na frente. – responde o Geraldo – Eu queria matar era você, seu maldito!

Os dois homens continuam a sua pendenga, enquanto o Manezim sai cambaleando e chorando pensativo. Outros dois socorristas pertencentes a outra colônia chegam de imediato, pois levariam o Geraldo, que cairia sobre a própria faca e desencarnaria.

Não me afastei do Manezim, seguindo-o enquanto ele caminhava no sentido da serra de Amburana, com outros companheiros. De início, achei que estava sozinho no auxílio a Manezim em seu desligamento, e aquilo me preocupou, pois não me julguei capaz; pensei que seria um teste, mas foi com orgulho e felicidade que nesse momento vi o João e os meus pais que se aproximavam com semblante sereno.

– Por quê, meu Deus? – Manezim lastima a própria sorte tristemente – Eu só queria juntar um dinheiro para ir encontrar o meu irmão... Tenho de levar o Zé até a minha mãe... Não quero morrer... Eu não encontrei o Zé... Meu irmão, onde você está?... Mamãe não está bem... Ela precisa de você... Se eu chegar no alto dessa serra, eu...

Foi triste ouvir aquelas palavras do Manezim, pois passei a me sentir culpado pela sua morte, mas os meus parentes que ali se encontravam acalmaram-me, pedindo para eu tomar a frente, e, se necessário, me auxiliariam.

Vi o Manezim que se agachava, ficando de joelhos; em seguida, deitou calmamente sobre um gramado debaixo de um pé de amburana que crescia lindamente no sopé da serra do mesmo nome, e ali deu o seu último suspiro.

Foi uma morte calma, e o Manezim foi resgatado por mim, pelo João e por meus pais, e logo o entregamos aos mentores socorristas que o levaram.

Achei estranho que, no primeiro momento do desligamento, espírito/matéria, eles não sabem quem está auxiliando, e o Manezinho fez a sua passagem sem dar conta de que éramos eu, o João e os nossos pais que ali estavam.

⁂

Dias depois, eu e o João ajudávamos no resgate de Francisca. Querendo deixar de ser taxada de meretriz, fingiu estar apaixonada por um fazendeiro, que montou casa, dando-lhe do bom e do melhor, mas a vida pregressa lhe trouxe a infeliz sorte de viver traindo o fazendeiro. Descobrindo a mentira, este mandou capatazes darem cabo da vida de Francisca.

Bateram muito nela e depois a amarraram na linha do trem, em uma curva, pois assim não dava tempo de o maquinista parar. O trem decepou-lhe as pernas, pescoço e mãos. Foi difícil fazer o desligamento do corpo, pois ela não aceitava a morte, querendo se vingar do fazendeiro.

Os socorristas tiveram de colocá-la em sono induzido. Mais tarde, com passes de consolo, eles a deixariam a par da situação.

Eu já estava há 20 anos no Kardecismo e fui convocado para ir visitar a Maria Aparecida, que apresentava os primeiros sintomas de velhice.

Mariazinha ainda era muito nova, mas o cansaço do trabalho lhe apresentou a velhice muito cedo. Visitamos a Maria Aparecida e lhe demos passes de conforto e preparação para o desligamento da matéria. Ficamos muito felizes ao ver como Jorge e os filhos a rodeavam, cobrindo-a de carinho e afeto.

Após orarmos por Mariazinha, fomos até a fazenda onde vivemos quando estávamos na carne. Era tudo desolador, mas continuava do mesmo jeito; apenas as pessoas mudaram. A Sra. Silva não mais vivia entre aquela gente. Alguns estavam velhinhos, outros foram embora e vários desencarnaram.

Meu tio Manoel estava ali, como nos velhos tempos, prestativo e atencioso a tudo. Observava a tia Osvaldina, pois esta logo faria a passagem e, com certeza, iria ficar em outra colônia com o meu tio. Quem sabe um dia nos encontraríamos no plano espiritual ou na carne. Nós nos abraçamos e ficamos a conversar por um longo tempo. Com alegria, obtive por intermédio do tio Manoel notícias do meu padrinho e da Sra Silva, que se encontravam na mesma colônia que ele.

Fizemos outras visitas a Mariazinha a fim de confortá-la, mas a tia Osvaldina veio para o plano espiritual antes que ela. O papai não deixou que eu, a mamãe e o João o auxiliássemos naquela missão. Ele queria estar ali junto do tio Manoel, o que seria impossível, pois para isto existe um processo, e os socorristas superiores estavam a postos. Meu pai e o meu tio não ficariam a sós, e nós apenas assistimos.

Foi uma passagem rápida e sem delongas, pois titia vinha sendo preparada para o desligamento por outros socorristas.

Tudo é lindo, é maravilhoso o trabalho dos socorristas na missão de resgate. Para cada ser, existem atitudes diferentes.

Eu estava completando 21 anos de Kardecismo e tinha aprendido bastante com os professores. Eu queria aprender mais, pois o saber não ocupa espaço.

Eu estaria me desligando mais uma vez dos meus pais, mas sabia que, quando precisassem da minha ajuda, nos encontraríamos em fração de segundos, e o mesmo faria eu, quando necessitasse deles, bem como de João e de Isaura.

Então fui para um terreiro de Mina-jejê, mas disfarçadamente tocavam o tambor de mina; ali permaneci por quatro anos. Cheguei como um mestre, Mestre Zé Pelintra.

No Mundo Espiritual

Nesse período, aprendi algumas coisas na Mina-jejê e descobri a pouca diferença do Candomblé. Ajudei no socorro a Maria Aparecida, que foi muito difícil por parte dos nossos familiares.

No plano espiritual ela sempre ouvia lastimarem a sua falta, perturbando-a, o que estava retardando o seu restabelecimento. Isso a fazia sofrer muito a falta dos seus três filhos e do marido, mas colocaram-na em sono induzido, para assim não os ouvir.

Mas os espíritos não estão livres de sonhar, e a Mariazinha tinha um sono às vezes um tanto turbulento. Quando tudo se acalmasse, os socorristas a tirariam do sono e ela receberia as orientações devidas.

Mais tarde, eu estava incorporando num filho, dentro de um terreiro de Umbanda, onde vivi boas experiências e fiquei fazendo parte das reuniões de quimbanda. Ali permaneci por 21 anos. Foi onde aprendi que um espírito pode incorporar em até três filhos em lugares e tempos diferentes.

Já existia a corrente de Zé Pelintra, enquanto eu supunha ser o único. O João já incorporava como João Boiadeiro da falange de Zé Pelintra, enquanto, em outro terreiro, ele era o próprio Zé Pelintra, e trabalhava no Estado de São Paulo como João Baiano.

Como eram lindos os projetos de Deus, e cada um com uma sentença a cumprir. Fiquei trabalhando novamente como Mestre Zé Pelintra, e pude ensinar muitas coisas aos filhos da Casa. Com o passar do tempo, eu quase não tinha tempo para ver os meus pais com a costumeira frequência de antes. Minhas visitas à Terra se completaram com as passagens de Maria Quitéria e Tereza.

Logo eu ia conhecer outra nação espírita. Fui para o Angola, uma mistura de Umbanda com o Candomblé. Trabalhei no Angola com o médium Amilton, durante sete anos, numa roça que ele tinha havia mais de 30 ano, na praia do Flamengo, no Rio de Janeiro.

Permaneci no Angola por apenas sete anos, onde infelizmente o meu filho Amilton, vítima pela terceira vez de doença grave nos pulmões, veio a falecer.

Fiquei de 1973 a 1981 sem incorporar; tive um descanso no mundo espiritual e fui conhecer e aprender mais com a Mestra

Veneranda e o Mestre Zé Pelintra que incorporava o grande médium José Ribeiro, de quem eu terei prazer de voltar a falar no fim desta minha narrativa.

Em 1980, conheci os Caboclos Estrela do Norte, Mata-Virgem, Ogum Rompe Mato e a Dona Oxum Apará, além do Sêo Jeremias, que me convidaram para fazer parte da corrente que compunha a TUIC (Templo de Umbanda Imaculada Conceição), em São Paulo, cujo dirigente se chama Mizael. É uma tenda que toca a Umbanda de Caboclos.

Somente pelas mãos do cearense de Pedra Branca de nome Jeremias, que trabalha na linha dos Baianos, eu fui introduzido nesse terreiro. Como símbolo, sempre usei o anel de pedra vermelha e a minha tradicional bengala. Mantive o costume; não cuspo no chão, fumo charuto de boa qualidade, não falo palavrão, trato todos com respeito e carinho e tomo um delicioso uísque. Não sei se é falsificado, mas...

Nesse centro tive a grata satisfação de trabalhar com meus irmãos: a Baiana Maria Quitéria, que também aparecia como Pombagira; com o João Baiano e o Manezim Baiano; ele trabalha em outras duas casas como Mané Baiano.

Também trabalhei com o Zé Pretinho, que esteve por curta temporada no nosso centro e em outros lugares vem como Zé dos Anjos ou Zé de Santana, além de me encontrar depois de muito tempo com a Baiana Isaura no Candomblé. Em visita a uma casa de Umbanda, no Sapopemba, fiquei maravilhado com a minha irmã Baiana Aparecida, que, segundo ela, também chega a ser conhecida como Baiana Maria Aparecida, ou apenas como D. Maria Baiana.

Em 1995 e 1996, nas festas que os filhos da TUIC fizeram em minha homenagem, tive a honra de encontrar a prima Francisca com o nome de Maria Bonita e, como nos velhos tempos, dizendo-se apaixonada por mim. Ela incorpora como Boiadeira ou Baiana Maria Bonita e Baiana Maria Nazaré.

Os meus pais reencarnaram para nova missão na Terra, enquanto a Tereza incorpora no Maranhão com os nomes de Encantada Mariana ou como Cabocla Mariana.

Perguntam os interessados nesta leitura por que todos viraram espíritos? Éramos uma equipe que, reunida, resolveu vir para a Terra com a nobre missão de resgatar e reparar erros de vidas passadas; então reencarnaram o José Porfírio e a Ana Santiago, que concordaram em ser os nossos pais e, juntos, trabalharíamos para esse resgate. Mas nem todos cumpriram com os projetos de vida quando reencarnados; a Francisca teria de ser nossa irmã, mas devido àquela situação entre os meus pais, não fora gerada pela minha mãe, mas havia sido criada por ela.

Zé Pretinho em outra vida era o meu cúmplice em roubos e maldades. Ele amava a Creuza, então eu interferi em suas vidas, tomando-a para mim. O Zé, enciumado, lutou até conseguir nos separar e, em uma briga, eu tirei a vida dele e ele a minha. Teríamos outros planos para executar na Terra, mas o machismo e a fama de querer ser respeitado, além de certas situações, falaram mais alto, e nós erramos novamente.

※

Voltando a falar do que estive fazendo de 1973 a 1981, quando fiquei no plano espiritual sem incorporar...

Andei muito para tentar encontrar a minha Creuza, mas esse direito me foi negado, para eu não me sentir perturbado e, no futuro, prejudicar minha missão como guia; além disso, ainda teria um terreiro para eu trabalhar, que é onde estou hoje.

Devido aos meus trabalhos, misturando um pouco de catimbó com quimbanda e juntando todos os meus conhecimentos e misteriosos encantos para o bem e para o mal, fui reconhecido pelo primeiro e único Mestre Zé Pelintra. José Ribeiro foi o seu médium, dando-lhe condições de um trabalho honesto e brilhante, o que o coroou com a ascensão e, assim, é o mestre dos mestres no catimbó. Ele não mais incorpora, e escolheu alguns guias de profundos conhecimentos para ser seus auxiliares e mensageiros. Estou entre os sete mensageiros, e cada um de nós tem como tarefa coordenar uma equipe de 77 Zé Pelintras, o que chamam de falanges. Hoje sou um guia de sua inteira confiança. Faço uso de um nome do qual não sou merecedor, mas me sinto honrado em ser um mensageiro do "Sêo Dotô...".

"A morte é um inevitável fim, somente os covardes morrem várias vezes, mas os heróis morrem somente uma."

"A morte existe apenas para a matéria, enquanto o espírito não morre, vive para a vida eterna." (JPS)

3ª Parte

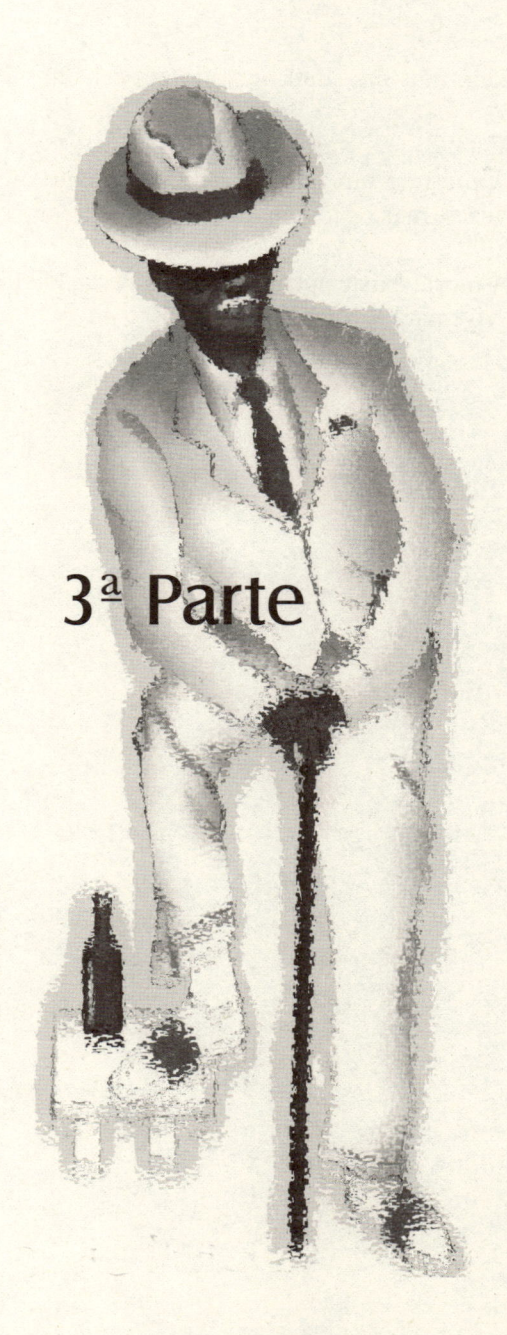

Remédios, Simpatias e Trabalhos de Sêo Zé

Ervas e simpatias que curam

Quase todos os remédios aqui ensinados só começarão a surtir efeito depois do quarto dia e não devem ser tomados em excesso, pois o efeito é contraditório.

Acidez no estômago: Suco de limão.

Anemia: Moela de galinha caipira, seca, torrada e misturada ao feijão. (Uma colher de sobremesa, uma vez ao dia, de três em três dias.)

Artrite: Erva-doce contra o nervosismo e a gota.

Artrose: Erva-baleeira.

Boa formação do feto: Amendoim – o ácido fólico previne, evitando a má formação do feto.

Cabelo: Andiroba, nhandiroba ou gengiroba; quebre e tire a fava, soque no pilão fazendo uma massa. Coloque no caldeirão para tirar o óleo (bem verde é melhor). O óleo serve para crescer cabelo, onde começa a cair. Bom para tumores. Também é possível fazer sabão com a massa.

Cabelo: Linhaça – evita a queda de cabelo, fortalece, dá brilho e evita o embranquecimento.

Calmante – insônia e pressão alta: Salada de alface e tomar o chá do tronco de alface.

Calor na cabeça, acompanhado de dor: Pegar rodelas de batata e folhas de mamona e enrolar na testa.

Câncer: Couve e repolho – câncer de pele, do colo e de mama.

Câncer e infecções: Alecrim de Oxóssi / Alecrim-do-campo.

Colesterol e homem com a moral caída: Colocar três copos americanos de água para ferver. Após ferver, colocar em um recipiente com tampa e acrescentar três folhas de andu e abafar até esfriar. Tomar três vezes no mesmo dia. Deixar passar oito dias para repetir a mesma dose, pois é muito forte.

Colesterol: Erva-mate e chá preto – controla o colesterol.

Colesterol e derrame cerebral: Vinho tinto – um cálice por dia combate o colesterol e ajuda na má circulação do sangue; evita o derrame cerebral.

Conjuntivite: coloque uma colher de sobremesa de açúcar e outra de sal em um copo americano de água gelada, dissolver e pingar dentro dos olhos, três vezes ao dia, durante dois dias.

Convulsão: Óleo de copaíba – bom também para constipação, pneumonia. Tomar uma colher (de café) desse óleo em meio copo americano de chá de erva-cidreira.

Derrame com paralisia: Tomar banhos quentes com negamina (lagramina), barba-de-pau, brim roxo ou ninho de guache.

Digestão (má digestão): Suco de melancia.

Dor de cabeça: Óleo de mamona ou azeite doce serve para dor de cabeça, ou purgante, quando as mulheres ganham criança. Serve para benzimento, ou purgante (com arruda, erva-doce, manjerona, manjericão, cebolinha branca – o chá).

Doença de chagas: Mamica de cadela.

Dor de dente: Tomatinho. Para inflamação de dente e/ou gengiva – fazer um chá das folhas e, ainda morno, bochechar. Use as folhas cozidas como emplasto externo.

Dor de ouvido: 1) Colocar uma gota de sumo do manjericão nos dois ouvidos e tampar com algodão. 2) Também colocar leite materno (uma gota) e tampar com algodão. 3) Pode-se usar também uma gota da folha de bálsamo.

Envelhecimento Espinafre e cenoura previnem o envelhecimento.

Frieira: Erva-de-bicho – tirar o sumo e colocar sobre a frieira, após o banho na hora de dormir. Serve também para micoses nos pés.

Gripe e tosse (xarope): Jambo, mangueira, erva-cidreira e hortelã grossa (folhas).

Intestino preso: Tomar uma colher (de sopa) de goma de araruta, com um copo americano de água.

Intestino solto: Fazer uma papinha cozida com leite, sal ou açúcar e goma de araruta para alimentar.

Intestino: Erva-cidreira – Estômago, fígado, afecções gástricas (emplasto); usar o chá para caxumba, cólicas intestinais, dores de cabeça, calmante e palpitação do coração.

Menopausa: Soja – comer soja contra menopausa. Também fazer chá de losna – duas folhinhas em um copo americano de água e tomar uma vez ao dia.

Mioma e cisto: uchi amarelo e unha-de-gato.

Moral caída do homem: 1) Chifre de boi búfalo e esporão de galo, ambos raspados do pé para a ponta e, depois torrados, fervido em companhia de sabugo de milho. 2) ½ xícara de chá de conhaque, duas colheres de sopa de mel puro e quatro copos americanos de leite de jarnaúba (tomar um cálice por dia).

Olhos (vista curta – inflamação – conjuntivite): 1) Colocar as flores de papacunha na água, deixar de molho de um dia para o outro. No dia seguinte, coar com um paninho para não deixar fiapos e lavar os olhos deixando cair a água dentro deles. 2) Também pode pingar duas gotas de limão nos olhos. 3) Inflamação nos olhos – pegar duas folhinhas de losna, ferver em um copo americano de água e coar. Em seguida, colocar na geladeira e pingar nos olhos três vezes ao dia.

Osteoporose: Leite puro na infância evita osteoporose na velhice.

Pressão alta: Pó da casca de maracujá, uma colher de sobremesa do pó misturada ao feijão (duas vezes ao dia).

Próstata: Tomate. Use o extrato caseiro de tomate, pois combate e evita o câncer de próstata.

Queimadura ou feridas em geral: 1) Colocar a polpa da babosa da folha grossa. 2) Pegar a entrecasca da árvore de nome chorão, colocar para ferver, embeber um chumaço de algodão e colocar sobre a ferida. É cicatrizante.

Rins: Semente da melancia amassada.

Sífilis e garganta inflamada: Tomar chá de raiz de papacunha duas vezes ao dia, por quatro dias.

Úlcera: Sempre-viva – úlcera gástrica (anti-inflamatória e cicatrizante estomacal).

Vômito: Poalha. A raiz fininha da planta ainda rasteira serve de remédio para provocar vômito.

Para curar ataques epiléticos (convulsões): Quando uma pessoa for acometida de um ataque, deixá-la nua. Pegar as roupas retiradas do corpo, virá-las às avessas, colocar em uma panela grande com uma trança de alho e queimar. Deixe que a pessoa receba a fumaça. Depois jogue as cinzas em um rio, onde ela não tenha o costume de ficar passando, por no mínimo sete anos. O paciente não deve saber nunca.

Para curar hemorroidas: Vá a um lugar que não seja frequentado por ninguém. Procure uma pedra que, de preferência, tome sol. Segure uma vela branca na mão e sente-se sobre a pedra. Faça uma prece a São Jerônimo, pedindo a sua cura. Em seguida, levante e acenda a vela sobre a pedra. No dia seguinte, retire o que sobrou da vela sobre a pedra e repita a operação. Faça isso por 13 dias.

Outra para hemorroida: Utilize mentruz (mastruço), três dedos do sumo da planta em um copo americano, três comprimidos de pílula contraceptiva, dois dedos de cachaça (dissolver os comprimidos na cachaça); depois bater com um garfo junto com o sumo e três colheres de chá de azeite de mamona; bater até misturar todo o remédio (como se bate um bolo). Para não ter resguardo, tome o remédio no tempo e depois vá para o banheiro e tome um banho da cabeça aos pés. Um banho morno, mais para frio. Dieta: evitar limão, peixe, pimenta e carne de porco.

Hemorroida e próstata (eficaz)
três colheres de mel puro
um copo americano de vinho tinto seco
um folha de babosa (da fina) inteira
½ copo americano de água
Bater tudo em um liquidificador, por cinco minutos, coar e colocar num vidro. Na hora do almoço, agite o remédio do vidro e tome uma colher de sobremesa. Tomar durante dez dias e dar uma pausa de mais dez. Repetir a operação por um ano.

Para curar bronquite, coqueluche e até tuberculose
I
Pegue uma palma (mandacaru), corte em pedaços pequenos, misture bastante mel e amarre em um pano, deixando escorrer a baba. No dia seguinte, a pessoa deve tomar o melado. Pode tomar três vezes ao dia, por um prazo de seis dias.

Também fazer o guisado das palmas novinhas com carne moída, alho, vinagre, cebola roxa, pimentão, coloral, pimenta-do-reino, coentro e cebolinha. É uma delícia. Pode ser com frango ou carne seca.

II
Pegue um coco seco, tire a água e encha-o de mel; tampe com uma cortiça e enterre-o num lugar que bata sol, de preferência longe de casa. Deixe enterrado por sete dias. Depois, dar o mel em colher-de-pau virgem para a pessoa tomar. Depois, pode-se usar a colher normalmente e despachar o coco com o buraco para cima, em uma pedreira onde bata bastante sol.

III
Pegar palmas novas, tirar os espinhos mesmo verdes e fazer um guisado com bastante cebola branca e alho-poró. Preparar o guisado como se prepara o quiabo. Pode ser com carne moída, peixe, frango, com costela ou costelinha. HUMMMM! É muito gostoso.

Para curar bronquite asmática
Pegar um mamão verde, médio, e tirar a tampa. Colocar sete colheres de açúcar e uma de chá de sal, tampar de novo e levar ao forno para assar durante 21 minutos. Tomar em colheradas.

Asma
I
Cortar as unhas dos pés do doente. Enrolar em um pano branco e pedir para uma pessoa estranha enterrar logo após a pessoa ficar restabelecida. A pessoa nunca deve saber quem fez o enterro das unhas, pois o problema pode voltar.

II
Pegue um ovo caipira e lave-o bem, depois coloque dentro de um copo com suco de limão (puro). Deixe-o assim durante uma ou mais semanas dentro da geladeira. Quando a casca do ovo estiver mole, como uma gelatina, pegue essa mistura e bata no liquidificador com 300 ml de mel de abelha (puro). Tome uma colher de manhã, meia hora antes do café, e à noite quando for dormir, por 15 dias.

Para curar cólicas (para a primeira menstruação da garota)
Pegar a pele da moela de uma galinha caipira. Deixe secar, torre e faça um chá. Tome uma xícara durante três dias, para não ter dores de cólicas nas menstruações.

Para evitar dores de cólica menstrual
Pegue três folhas de guiné, um galho de arruda e três folhas de quitoco. Faça um chá e tome três dias antes de menstruar.

Para a memória
Tomar chá de seis flores de ipê roxo duas vezes por semana, por quatro meses.

Para acabar com insônia
Mude a cama de lugar. De preferência, deite com os pés para o lado nascente. Se sua casa estiver perturbada, parta uma maçã em três partes e coloque em três cantos da residência, deixando assim por cinco dias. Depois ofereça a Nanã e despache na porta de uma igreja.

Obs.: Nunca devemos deitar com a cabeceira na direção de rua em descida, muito menos com os pés na direção da porta.

Para o homem que está marcando seis e meia
Pegue um litro de leite de jarnaúba (árvore do Nordeste brasileiro), misture meio litro de mel e um litro de conhaque. Tome um cálice antes das refeições.

Para o bebê não ter cólicas
Pegar nove folhinhas de alfazema, ou uma colher de adoçar café, de um pacotinho comprado em casa de erva. Ferver em um copo americano de água. Depois, coar em um pano para que não passem resíduos. Ponha uma colher de chá de açúcar e dê ao bebê em uma chuquinha.

A criança deve fazer as fezes de cor escura. Não se assuste, pois o recém-nascido está pondo a sujeira de parto para fora. Faça isso durante dois dias e pronto.

Se as fezes saírem de cor esverdeada, está de bucho virado. Então, leve a criança a um benzedor.

Obs.: Não devemos descer escadas ou de um lugar alto correndo com um recém-nascido no colo, para evitar que se assuste e assim vire o bucho.

Simpatias

Melhora financeira

Na primeira sexta-feira do mês, varra a casa da porta da sala para dentro. Junte o lixo no meio da casa. Passe uma nota de um real no corpo todo, de baixo para cima, coloque-a junto com o lixo, fazendo um embrulho, e à meia-noite entregue em uma encruzilhada dizendo as seguintes palavras: "Sêo Zé, respeito a sua força, mas quero que entre dinheiro na minha vida". Volte para casa repetindo as mesmas palavras.

Simpatia com moedas antigas, para não faltar dinheiro

três moedas antigas
três galhos de arruda
um folha de papel branco

Passe as moedas e os galhos de arruda no corpo; enrole-os no papel e vá a uma missa, em uma sexta-feira 13. Após assistir à missa, deposite o embrulho nos pés de qualquer santo (de preferência, o padroeiro da igreja) e faça o pedido.

Oração contra mau-olhado

Utilize um ramo verde e um copo de água fria (reze, molhando o ramo na água, e faça cruzes sobre o enfermo sem encostar o ramo em seu corpo).

Filho(a) de Deus, tu és meu (minha) e eu quero te criar.

Se tu tens quebranto, mau-olhado, inveja ou até mesmo arte de feitiçaria, eu quero te criar.

Com um ramo verde e água fria, eu te benzo em nome de Deus e da Virgem Maria.

Que esse mal cesse e se vá.
Amém.

Contra quebranto

Deus te gerou.
Deus te criou.
Só Deus te livra do mau olho que te olhou.
Se for na cabeça, Stº Anastácio tira.
Se for na goela, São Brás tira.
Se for na barriga, Stª Margarida tira.
Se for na grossura, na gordura, no cabelo, no olho, no modo de andar, de agir, de falar, ou pela atividade que tens, Jesus Cristo tira.
Leva o que trouxeste, Jesus Cristo te benze, com a santíssima cruz; Jesus Cristo te livra do mau-olhado e todo mal ruim que vier.
Tu és o ferro, quebranto, inveja, olho grande, satanás.
Fulano(a) é o aço.
Tu és o demônio tudo que eu disse.
Fulano(a) te embaraça.
Com o nome de Deus Pai, Deus Filho, Deus do Espírito Santo.
Rezar um Pai-Nosso; uma Ave-Maria e oferecer a Nossa Senhora do Desterro e a Nossa Senhora dos Remédios.

Para a mulher ter filhos

Pegar uma romã, partir em quatro partes, tirar os caroços, ferver em meio litro de água e depois deixar no sereno entregando a Sêo Zé e a Oxum Osogbo. No dia seguinte, fazer lavagem com o líquido obtido para limpar o útero (injetar na vagina). Permanecer com as pernas para cima, durante sete minutos. Tendo uma relação sexual, infalivelmente virá uma gravidez.

Para combater a bebida

I
Utilize a bebida que o (a) viciado (a) mais gosta.
Um pires branco e um copo, ambos virgens.
Uma casca de banana-da-terra.
Pegue um copo com a bebida de que a pessoa mais gosta, escreva o nome da pessoa com um lápis na casca de banana. Coloque a

casca dentro do copo e tampe-o com o pires. Guarde num lugar que a pessoa não veja ou ache (se precisar). Em um prato de ágata ou de louça (branco e de uso próprio), com água, que deve ser colocado em lugar alto, ponha uma vela branca de sete dias, ofereça em honra de Santo Onofre e na intenção do anjo da guarda do(a) viciado(a). Reze um Pai-Nosso e uma Ave-Maria.

Deixe permanecer tudo por sete dias. No sétimo dia, pegue o que sobrou da vela, o copo com a bebida, a casca e o pires (deixando só o prato) e jogue numa encruzilhada, pedindo a Sêo Zé que leve a vontade de (fulano) de beber álcool.

II

Por sete segundas-feiras, vá a uma mata levando uma garrafa de aguardente e uma vela branca. Acenda a vela no chão, debaixo de uma árvore frondosa (se for um pé de jurema comum, melhor), e deposite a garrafa deitada e semi aberta para que o líquido derrame aos poucos; faça o pedido e uma promessa.

"Sêo Zé Pelintra e os senhores desta mata, recebam minha oferenda e, se os senhores me ajudarem (me livrarem deste vício, caso seja o próprio) com que fulano deixe este vício danado, eu lhes trago um presente."

Repita o trabalho e o pedido mais seis segundas-feiras, mesmo que a pessoa pare de beber antes.

Só pague a promessa se tiver alcançado a graça. E, ao pagar, acenda a vela, abra a aguardente e deixe-a de pé e agradeça.

Para acabar com o vício do fumo

Pegue uma garrafa vazia e coloque dentro dela a primeira bituca do dia. Escreva o pedido para acabar com a vontade de fumar; coloque na garrafa e, em seguida, coloque um pouco de vinho (250ml). Tampe a garrafa com uma rolha e enterre-a com a boca na direção do sol poente.

Para acabar com o vício do jogo

Compre um baralho e escreva o nome da pessoa que deve deixar o vício, em sete cartas. Em seguida, embaralhe e leve em uma igreja na Lua Minguante. Procure a pia batismal e mergulhe o baralho. Depois, coloque de sete em sete cartas nos pés de sete imagens, e a cada uma faça o mesmo pedido. As três últimas cartas, coloque-as atrás da porta de entrada da igreja e peça ao padroeiro da igreja para ajudar com que a pessoa deixe o vício do jogo e que, quando isso acontecer, mandará celebrar uma missa em honra dos sete santos, pela graça alcançada.

Para manter a paz no lar

Na Lua Crescente (durante o dia), vá a um rio de água corrente e entre na água, ficando de joelhos para o lado oposto à correnteza. Peça aos encantados do rio que lhe concedam a paz e a harmonia em seu lar. Em seguida, coloque a mão direita na água e faça o "nome do Pai". Depois pegue um pouco de areia dali e leve para casa. Coloque em uma vasilha de barro na sala, podendo enfeitar com flores artificiais e/ou pedras.

Para ter felicidade em casa e ter dinheiro sempre

um copo de dendê
1/2 copo de sal grosso
um dente de alho-poró
Cravo
Canela
Erva-doce
uma noz-moscada
13 sementes de amburana
um pedacinho de rapadura
Um pouco de cevada ou uma latinha de cerveja
nove folhas de louro (verdes)
Um pedaço de fumo (três dedos) e o mesmo tamanho de gengibre
Casca seca de cebola
uma panela pequena de barro

Na entrada da sua casa ou no portão, cave um buraco de mais ou menos 40 centímetros de fundura; forre com o sal grosso e, depois, com o dendê. Coloque a panela de barro e, em seguida, o restante do material, um a um, à medida que vai firmando os pedidos na intenção dos Orixás de todos os que moram na casa. Por último, regue com a cerveja ou cubra com a cevada. Coloque a terra em cima e feche o buraco.

Para ter dinheiro sempre

Pegar uma cédula de R$ 1,00 (um real) e, durante nove Luas Novas (nove meses), levantar a nota acima de sua cabeça, na direção da lua.

Olhando para a cédula, de modo que veja a lua e a nota, repita três vezes esta oração com todo o vigor e certeza:

Lua nova / Lua de São Vicente
Quando voltares a iluminar a Terra,
Traga-me milhares desta semente.

Para descarregar energias negativas

Ande descalço durante 20 a 30 minutos sobre a grama antes das 8 horas da manhã.

Na falta da grama, ande descalço sobre pedrinhas ou em estrada de chão, com o sol baixo.

Para atrair dinheiro

Na Lua Nova, pegue uma nota maior que tiver na mão; posicione-se no quintal, levante a nota para a lua, rezando uma Ave-Maria para a deusa da lua e depois dizer três vezes: "Lua Nova, renove essa nota para mim em milhões e milhões".

Para não faltar dinheiro
II

Vá a uma mata, peça licença ao deus das matas e entre com o pé direito à frente. Se achar uma pedra, sente-se sobre ela, firme o pensamento no seu negócio e diga olhando para o ar: "Forças da natureza, estou pedindo para que fiquem aqui todos os meus problemas. Essa brisa que passa por mim vai me banhar o espírito e a alma, trazendo-me fluidos bons e positivos, hoje, amanhã e sempre.

Amém". Permaneça ali por mais alguns minutos a meditar coisas boas. Quando estiver se sentindo bem, agradeça e vá embora.

II

Uma vez por mês, antes de fechar o seu comércio, acenda um defumador próximo da porta e firme o seu pensamento, desejando não ter prejuízos de modo algum. No outro dia, ao entrar, faça o sinal-da-cruz e firme o pensamento dizendo: "Sempre serei vencedor em todos os aspectos", e complete o seu pensamento dizendo em voz alta: "Que as força negativas jamais entrem aqui".

(Lembre-se que os banhos e defumadores, para ter validade, deverão estar bentos; sem o cruzamento ou benzimento jamais terão valor algum).

Para conseguir freguesia

um copo americano (para todas as sextas-feiras, usar o mesmo copo)

seis folhas de louro

um litro escuro (com rolha) com água de chuva

um pires

Faça durante seis sextas-feiras.

Pela manhã, tire seis folhas de louro, coloque dentro do copo com água e deixe em um canto tampado com o pires.

No fim do dia, pegue o copo e caminhe em todas as salas da empresa. Quando chegar em frente à janela, diga: "Rei das folhas! Vai louro, vem louro. Trabalho não há de faltar; o dinheiro há de chegar". Peça coisas positivas; de vez em quando, molhe os dedos e jogue.

No final dos pedidos, tome a água do copo, pegue as folhas de louro e introduza dentro do litro com a água de chuva e tampe, deixando reservado em um canto.

Obs.: Somente na primeira sexta-feira é que será feito no dia. Nas demais, o copo deverá ficar tampado por toda a semana e ser retirado na sexta-feira seguinte. Quando completar as seis sextas--feiras, no mesmo dia que terminar a simpatia, leve o litro para casa, retire a água e deixe as folhas.

Tome um banho normal e, em seguida, o das folhas, da cabeça aos pés (sem colocar água morna) pedindo novamente ao rei das folhas.

Para aumentar o movimento de sua loja

Quando um freguês chegar à sua loja (o primeiro a realizar uma compra), sendo o primeiro dia de funcionamento, e fizer uma compra (o primeiro), troque o dinheiro em notas miúdas e guarde uma nota. Deverá ir a uma igreja e depositar a nota aos pés do santo de sua devoção. A cédula deverá ser colocada com a cara para cima e pedir para que renda dentro da sua loja.

Para atingir o objetivo com mais facilidade

Faça um patuá com um pedaço de pano branco. Coloque dentro cravo, canela em pau e erva-doce. Todo dia, ao levantar, mentalize o que quer conseguir. Não se separe do patuá até conseguir seu objetivo.

Para ter sorte nos negócios

Pegue uma semente da flor de arruda que tenha cinco pétalas (geralmente a arruda dá de três a quatro pétalas) e guarde dentro da carteira.

Para vencer dificuldades

Numa Lua Nova, Crescente ou Cheia, pegue um retrós de linha vermelha e um branco. Pela manhã, passe-os pelo corpo dizendo: "Minha vida está enrolada desse jeito". Em seguida, embeba-os em água salgada e ponha para secar ao sol. À noite, enganche as pontas dos dois retroses em algum lugar e saia caminhando, desenrolando-os e dizendo: "Assim como eu desenrolo estes retroses, também desenrolo minha vida". Se puder fazer isso numa rua de subida, é melhor. Nunca em descida. No final, quando desenrolou toda a linha, volte por outro lugar.

Para conquistar mulher casada

(Antes devo lembrar que, quem leu a minha história, deve se lembrar que, por causa de mulher casada, eu perdi a minha vida. Mas, vamos lá).

Para conquistar uma mulher casada, trate de roubar uma cueca do marido dela. Rasgue a cueca em duas partes. Jogue uma parte na água corrente de um rio ou riacho. A outra parte, jogue para o ar em dia de ventania.

Para conquistar viúva
Escreva o nome do falecido num pedaço de papel e meta-o dentro da cueca. Após fazer isso, trate de se encontrar com a viúva. Sem saber por que cargas d'água, ela se sentirá atraída por você.

Para evitar que o marido pule a cerca
Pegue uma cueca usada do marido e dê um nó. Enterre a cueca no quintal ou num vaso de planta bem bonita.

Para segurar o namorado
Pegue uma foto dele e amarre num lenço branco e virgem, de forma que as pontas fiquem amarradas e escondidas. Costure dentro do seu travesseiro e ofereça um Pai-Nosso e uma Ave-Maria a Santo Antônio, pedindo que nunca o namorado a abandone.

Para se casar
Compre uma pulseira de prata e mande gravar o nome dele juntamente do seu, do lado de dentro da pulseira. Ofereça uma prece a Santo Antônio, fazendo o seu pedido. Dê a pulseira a seu namorado de presente, mas faça questão de você colocá-la no braço dele. Ao colocar, mentalize para que ele se interesse pelo casamento.

Para segurar o marido e acabar com as brigas
Pegue uma maçã, abra um buraco no meio, coloque os nomes do casal escritos em um papel e encha de mel. Em seguida, coloque a maçã do lado que nasce o sol (dentro de casa) e acenda uma vela branca. No dia seguinte, coloque a maçã debaixo de uma planta verde.

Para segurar o namorado ou a namorada
Compre um par de alianças de compromisso. Grave os nomes nas alianças. Serre-as e passe uma por dentro da outra na forma de elo. Solde-as de modo que fiquem entrelaçadas e guarde em lugar que só você saiba onde.

Para ter maior amor de seu esposo
Cole uma foto sua de frente com outra do marido. Coloque dentro de um vidro verde. Encha o vidro de mel. Tampe-o e embrulhe com um pano branco virgem. Guarde em lugar seguro.

Para curar mau-olhado em animais
(cachorros, gatos, porcos, aves, gado)
Dissolva em meio litro de leite morno meia colher de adoçar café de AGI (compra-se em casa de Umbanda) ou 1/4 de pedra de anil. Dê para o animal beber.

Para ganhar dinheiro com música
Pegue um pentagrama (papel com linhas para escrever música) e deixe no sereno em noite de Lua Crescente. No dia seguinte, recolha o papel e conserve-o no seu local de trabalho.

Para ter a estrela amiga (futebol)
À noite, procure um local sossegado. Posicione-se num lugar certo e escolha uma estrela. Faça um pacto com ela de serem amigos em tudo, e diga que quer ser uma estrela do futebol. Nas horas necessárias, chame sua estrela amiga e será atendido. Converse com ela de vez em quando.

Para o teatro ficar sempre lotado
Um pouco antes de as pessoas entrarem para assistirem ao espetáculo (ainda com o teatro vazio), pegue uma varinha de louro (erva) e toque os cantos do lado interior dizendo: "Com a ajuda das almas dos mágicos, esta casa de diversões será lotada com um bom público todos os dias de apresentação". Faça sempre esta simpatia nos dias de espetáculo.

Para ganhar dinheiro com edições
Pegue uma caneta tinteiro e um pedaço de papel em branco e escreva uma pequena mensagem ao seu anjo da guarda e ao anjo Uriel, pedindo ajuda para ter mais lucros no seu ramo de negócio. Dobre o papel e jogue-o num jardim bem florido, com a caneta.

Pontos Cantados e Riscados de Zé Pelintra

Zai, zai, zai.
Boa-noite meus senhores
Zai, zai, zai,
Como vai, como passou.
Zai, zai, zai,
Venho de terra longe
Zai, zai, zai,
Boa-noite eu já lhes dou.
Zai, zai, zai,
Quem quiser saber meu nome.
Zai, zai, zai,
Não precisa perguntar.
Zai, zai, zai,
Sou eu, Sêo Zé Pelintra,
Zai, zai, zai,
Aqui e em qualquer lugar.

Sou eu aquele nego
Da balada de aninha
Eu arranco defunto
Debaixo da terra fria
Zai, zai, zai,
Ela é cobra caninana
Zai, zai, zai,
Ela vira e dá o bote.

Sêo Zé Pelintra
   Se eu contar a minha sina.
Sêo Zé Pelintra
   Se eu contar a minha sorte.
Sou eu, sou eu
   Zé Pelintra, do Norte.

Se quiser me ver
   Chama por Deus verdadeiro
Se quiser me ver
   Chama por Deus verdadeiro
Sou Zé Pelintra
   Vim visitar seu terreiro
Sou Zé Pelintra
   Vim visitar seu terreiro.

Aê tataquara
Aê tataquara
   Zé Pelintra é gentileiro
Aê tataquara.
De manhã cedo
Quando eu desço a ladeira
A negra pensa que eu vou trabalhar
Mas trago um baralho no bolso

Sêo Zé Pelintra
Onde é que o Sr. mora?
Sêo Zé Pelintra
Onde é sua morada?
Eu não posso lhes dizer
Vocês não vão compreender.
Moro na terra da Jurema
Minha falange
É bem pertinho de Oxalá

Moro na terra da Jurema
Minha falange
É bem pertinho de Oxalá.

Ôh gente.
Não maltrate esse nego,
Que esse nego,
Muito caro me custou
Ele usa camisa de seda,
Gravata vermelha e } Bis
Chapéu de doutor.

Ôh! Zé
Quando for lá pra lagoa
Toma cuidado
Com o balanço da canoa
Ôh Zé, faça tudo que quiser
Só não maltrate o coração
dessa mulher.

Casa de Deus } Bis
Casa de N. Srª
Inimigo aqui não entra } Bis
Se entrar, boto pra fora
Sêo dotô! Sêo dotô!
Bravo sinhô!
Zé Pelintra chegô
Bravo sinhô!

cachecol no pescoço
vou pra favela jogar.

O morro de Zé Pelintra
Está de luto
Está de luto porque
Zé Pelintra morreu.

Brigava por uma mulher
Brigava por uma mulher
Brigava por uma mulher
Que amava tanto.

Eu venho de longe,
Sem conhecer ninguém
Venho colher a rosa
que na roseira tem

No pé da jurema preta
Tem dois passarinhos
cantando.
Um canta, outro responde
Seu mestre tá lhe chamando.

Na vila do cabo
Fui primeiro sem segundo
Na vila do cabo
fui primeiro sem segundo
Muita gente me chamou
Me chamou de vagabundo
Vagabundo eu não sou
Eu sou vadio

É na hora de Deus
Bravo sinhô!
Zé Pelintra é ele

Estava sentado numa pedra
Quando a polícia me prendeu
Me jogou na cela fria
Chamando de vagabundo
E meia volta deu.
Eu tenho um sentimento
Profundo
A polícia me prendeu
E me chamou de vagabundo

Quando eu morrer
Não precisa me enterrar
Bota eu no rio
Deixa a água me levar

Joguei pedra pra cima
Caiu no mesmo lugar
Soldado quando é recruta
Obedece seu general

Você mexeu, você buliu
Agora aguenta
Quem mexe sou eu

Quebra cabaça
Semeia semente
Espalha no povo
Que fala d'agente

Vou destampar minha panela
Vou soltar meu mangangá

quero vadiar
Eu sou vadio
quero vadiar

Eu sou preto/preto/preto
eu sou preto todo dia
O meu nome é Zé Pelintra
Zé dos Anjos, é na Bahia
Minha mãe sempre dizia
Que o sol era um farol
Me ensinou fazer macumba
E desmanchar no catimbó

Sotaques

A bananeira
que eu plantei à meia-noite
já deu cacho
aqui neste terreiro
Eu quero ver
estes cabras teimosos } Bis
Que risca ponto
Achando que é macumbeiro

Se mudares pra tão longe
Não deixar endereço dela
vou quebrar osso por osso
e jogar dentro da panela
cozinhar no fogo
os ossos dela } **Bis**

Na praia do Amaralina
eu vi camarão sentado

Inimigo toma cuidado
Quando mangangá chegar
É besouro preto } **Bis**
É besouro mangangá
Destampei minha panela
Já soltei meu mangangá
Inimigo toma cuidado
Quando mangangá chegar

falando da vida alheia
êta camarão danado
Camarão é muito bom
pra quem sabe aproveitar
Com azeite de dendê
preparo meu vatapá
Camarão deixa falar
Camarão deixa falar

Xô, xô, xô araúna
Não deixa ninguém
Te pegar araúna
Eu tenho dinheiro de prata araúna } homens
Para gastar com as mulatas araúna } homens
Eu tenho dinheiro de ouro araúna } mulheres
Para gastar com os crioulos araúna } mulheres

JPS

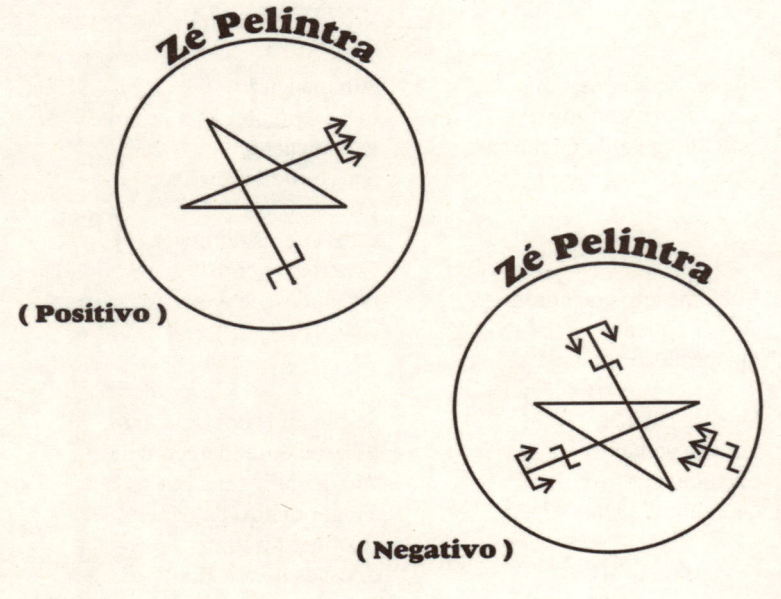

(Positivo)

(Negativo)

Ponto de Zé Pelintra